Martin Weimar

Balkon-blumen

in Töpfen, Kästen und Ampeln

Gestaltungs-Ideen für Frühling, Sommer, Herbst und Winter

Experten-Rat für Kauf, Pflanzung und Pflege

Fotos: Friedrich Strauß
Zeichnungen: Marlene Gemke und Ushie Dorner

GU GRÄFE UND UNZER

VORWORT
INHALT

Schluß mit dem eintönigen Rot-Rosa der Geranien vor dem Fenster und am Balkon! Lassen Sie dort neue Zeiten anbrechen mit Blüten in allen Formen und Farben sowie lebendig-frischem Grün – und zwar nicht nur im Sommer, sondern zu jeder Jahreszeit! Eine Fülle an zauberhaften Pflanzen wartet nur darauf, auf ganz neue Weise kombiniert zu werden, um in Blumenkästen, Schalen Töpfen oder Ampeln vom Frühling bis in den Winter hinein zu blühen.
Dieser GU Pflanzen-Ratgeber zeigt in brillanten Farbfotos Bepflanzungsbeispiele für Frühling, Sommer, Herbst und Winter – gestaltet vom Autor des Buches, Martin Weimar. Sie finden hier die ganze Palette der beliebtesten Balkonblumen, aber auch Novitäten und Raritäten. Übersichtliche Einkaufslisten, Pflanz- und Pflegeanleitungen machen sie leicht »nachpflanzbar«, auch für Ungeübte.
Wer darüber hinaus eigene Blumenkreationen schaffen möchte, erhält grundlegende Tips zur Gestaltung. Dazu Farbrezepte sowie einen Pflegekalender der wichtigsten Balkonblumen.
Und damit das Gärtnern in Gefäßen nachhaltig erfolgreich bleibt, enthält dieser GU Pflanzen-Ratgeber auch das wesentliche Know-How über Kauf, Pflege, Überwintern, Vermehren und Schädlingsbekämpfung. Farbige Zeichnungen illustrieren die wichtigen Arbeitsschritte.
Viel Freude an zauberhaften Balkonblumen-Arrangements wünschen Ihnen der Autor und die GU Naturbuch-Redaktion

Prunkwinde, Ipomoea tricolor.

Rot-weiße Petunien-Hybride.

Petunien, Margeriten, Blaues Gänseblümchen und Blaue Mauritius.

Der Autor
Martin Weimar, Gärtner und Blumenkünstler, Teilnehmer zahlreicher Kunstausstellungen, hält seit vielen Jahren Kurse rund ums künstlerische Gestalten mit Pflanzen. Auch für das große GU-Standardwerk »Balkon- und Kübelpflanzen« schuf der Autor die hinreißenden Balkonkästen-Arrangements.

Die Fotos auf dem Umschlag
Umschlagvorderseite, großes Foto: Sommerkasten mit Sonnenhut, Ringelblumen (beide gelb), roten Pelargonien sowie mit violetten Petunien und Blauen Mauritius (→ Pflanzrezept, Seite 29).
Umschlagvorderseite, kleines Foto: Bepflanzen einer Schale mit Mittagsgold (*Gazania*-Hybriden).
Umschlagseite 2: Elfenspiegel (*Nemesia*-Hybriden).
Umschlagseite 3: Naturerlebniskasten (→ Pflanzrezept, Seite 63).
Umschlagrückseite, oben links: Balkonbepflanzung in elegantem Weiß.
Umschlagrückseite, oben rechts: Blüten der Kapuzinerkresse.
Umschlagrückseite, unten: Taschenamphore mit gefüllten Fleißigen Lieschen und verschiedenen Efeu-Sorten.

Wichtig: Damit Ihre Freude an Balkonblumen nicht getrübt wird, beachten Sie bitte die »Wichtigen Hinweise« auf Seite 63.

Wissenswertes vor dem Einpflanzen

Jahr für Jahr erobern sie mehr Fenster, Balkone und Terrassen, prangen in immer schöneren Gefäßen und ergießen ihre Blütenfülle aus Blumenkästen und Ampeln. Was sind eigentlich Balkonblumen und wo kommen sie her? Dies und noch viele andere Informationen wie Kauftips, das grundlegende Know-How über Gefäße und ihre Befestigung sowie das Wichtigste über Balkone erfahren Sie auf den folgenden Seiten. Denn nur wer die Lichtverhältnisse, Regen und Wind auf dem Balkon bei der Auswahl seiner Balkonblumen berücksichtigt, wird mit üppigen Pflanzen und prächtigen Blüten belohnt.

Kühles Rot für warme Sommertage. Strahlend gedeihen in diesem Sommerkasten halbhängende und stehende Fuchsien (im Hintergrund) mit Nierembergien (weiß und violett, mitte) und Centradenien (pink, rechts).

Was sind Balkonblumen?

Die Zeiten, in denen nur Pelargonien (volkstümlich meist »Geranien« genannt) und Petunien in Gefäßkultur zu finden waren, sind längst vorbei. Eine Vielzahl an Einjahresblumen, Stauden und Gehölzen, die bisher im Garten kultiviert wurden, haben Einzug in Töpfe, Tröge und Kästen auf unseren Balkonen gehalten.

Die klassischen Balkonblumen
Diese kleinen Blühwunder bilden unermüdlich den ganzen Sommer lang Blüten über Blüten, sind nicht winterhart und werden am Ende der Saison – je nach ihrer Lebenszeit – ins Überwinterungsquartier geholt oder weggeworfen. Mit ihnen läßt sich Ihr Balkon zum farbenprächtig blühenden Schmuckstück gestalten. Die wichtigsten Dauerblüher sind Pelargonien (»Geranien«), Fuchsien, Begonien, Fleißige Lieschen, Margeriten, Pantoffelblumen und Petunien.
Überschäumende Blütenfülle und Robustheit kennzeichnen auch die »neuen« Balkonblumen, deren Beliebtheit in den letzten Jahren ständig steigt:

- Goldtaler, *Asteriscus maritimus*, goldgelb.
- Kaskadenblume, *Centradenia* 'Cascade', rot-violett.
- Fächerblume, *Scaevola aemula*, violett.
- Blaue Mauritius, *Convolvulus sabatius*, hellblau.
- Spanisches Gänseblümchen, *Erigeron karvinskianus*, weiß-rosé.
- Ampel-Lobelie, *Lobelia erinus* 'Richardii', hellblau.

Immer beliebter – Gartenpflanzen in Gefäßen
Mit diesen Pflanzen erhalten Sie nicht eine sommerwährende Blütenpracht, dafür wird Ihr Balkon zum Naturerlebnis, das am Keimen, Blühen und Verwelken im Jahreslauf hautnah teilnehmen läßt und die Freuden und Schönheiten eines Gartens vermittelt.
Einjährige Blumen und Gräser, aber auch mehrjährige Stauden und Zwiebelblumen entfalten ihren vollen Reiz im Werden und Vergehen während der Jahreszeiten und bieten immer wieder Anlaß zu überraschenden Naturstudien. Denken Sie beim Einkauf an Pflanzen mit schönen Fruchtständen (wie Gräser) und interessanter Färbung (wie bei der Jungfernrebe) oder Beerenansatz im Herbst (wie Mispeln). Gehölze, Gräser und Stauden sehen im Winter mit Rauhreif überzuckert wunderschön aus.
Nicht zu vergessen Gemüse (wie Tomaten und Salat), Obst (wie Erdbeeren) oder Kräuter und Duftpflanzen, die Küche und Lebensgefühl bereichern.
Mein Tip: Ideenreiche Gestaltung ist angesagt. Wagen Sie einmal etwas Neues, eine weite Pflanzenpalette steht Ihnen zur Verfügung. Für die Gefäßkultur eignen sich grundsätzlich Pflanzen mit flachen Wurzeln besser als Tiefwurzler. Viele altgekannte Gartenpflanzen wurden züchterisch bearbeitet und so »balkontauglich«. Unter der Hand der Pflanzenzüchter entstanden Sorten, die das künstliche Klima eines Stadtbalkons besser verkraften. Diese Züchtungen nehmen es nicht sofort übel, wenn sie einmal kurzfristig trocken stehen und sind meist recht widerstandsfähig gegen Schädlinge und Krankheiten. Von Blumen, Gemüsearten und Gehölzen gibt es eine Fülle, die speziell für die Topfkultur auf dem Balkon gezüchtet wurden.

Aus der Geschichte der Balkonblumen
Schon frühe Grabinschriften aus dem alten Ägypten zeigen Blumen, die zur Zierde des Hauses oder zum kultischen Gebrauch in Töpfen kultiviert wurden.
In tönernen Gefäßen dienten »Topfpflanzen« Ägyptern, Griechen und später auch Römern zur Ausschmückung ihrer Gartenhöfe. Obwohl es schon weit vor Christi Geburt an römischen Villen auch Balkone und Loggien gab, wurden diese jedoch nie mit lebendem Pflanzenschmuck versehen. Die Balkone des Hochadels befanden sich an exponierter Stelle des Hauses, waren häufig prächtig mit Blütengirlanden aus Mörtel oder Gips verziert und dienten ihren Besitzern bis ins 19. Jahrhundert hinein ausschließlich zur politischen Repräsentation.
Erst mit den gesellschaftlichen Veränderungen, der Ausdehnung der Städte und mit dem beginnenden Bau von Mietshäusern im 19. Jahrhundert kamen Blumen und Gehölze auf den Balkon.
Unterstützt wurde diese Entwicklung durch die vielen Neuentdekkungen von Pflanzen in Übersee, die in rasantem Tempo Europa erreichten. Hier einige Beispiele:

- Um 1700 kamen die Urformen der Pelargonie (»Geranie«) aus Südafrika nach Holland.
- Um 1800 begann die gärtnerische Kultur der Fuchsie.
- 1822 gelangte die gelbe Pantoffelblume (*Calceolaria integrifolia*) aus Chile nach Europa.
- 1849 wurde die erste gefülltblühende Petunie (also eine Züchtung) angeboten.
- 1880 brachte eine Expedition das Fleißige Lieschen aus Sansibar mit.

Seit der Zeit des Biedermeier wurde der Balkon vom Kleinbürger als Gartenersatz und zu vielerlei gärtnerischer Betätigung genutzt.

Abstammung und Herkunft

Die Blumen, die uns das Jahr über auf dem Balkon begleiten, sind Gäste aus aller Herren Länder. Eine große Zahl der Sommerblumen ist in tropischen und subtropischen Zonen zuhause.

Balkonblumen aus den Tropen. Diese Pflanzen sind – was Temperatur und Licht angeht – keinem Jahreszeitenwechsel unterworfen und blühen deshalb das ganze Jahr überaus üppig. Sie benötigen keine Ruhezeit und blühen selbst im optimalen Winterquartier dankbar weiter. Bei hoher Temperatur und Luftfeuchtigkeit wachsen sie am besten und brauchen dann auch viel Dünger, wie zum Beispiel Fleißige Lieschen, deren Vorfahren aus dem tropischen Ostafrika, aus Ceylon, Indien und Neu-Guinea stammen.

Balkonblumen aus den Subtropen. Diese Pflanzen ergießen sich nur den Sommer über in einer verschwenderischen Blütenfülle. Ihr Wachstum ist geprägt durch einen extremen Wechsel von Regen- und Trockenzeiten. Wenn in ihrer Heimat einmal Regen fällt, keimen sie schnell und blühen.

Tritt erneut eine Trockenperiode ein, bilden sie sofort Samen aus. Das Ende der Blüte und die Samenbildung können Sie hinauszögern, indem Sie immer kräftig gießen.

Ein Beispiel: Die aus Südafrika stammende Kap-Ringelblume *(Dimorphotheca sinuata)*.

Andere Pflanzen dieser Klimazone besitzen die Fähigkeit, Wasser zu speichern. Sie erkennen sie an ihren dickfleischigen Blättern und Stengeln, wie sie zum Beispiel die australische Fächerblume *(Scaevola aemula)* besitzt.

Fuchsien-Hybride 'Avelanche' mit violetten Ballettröckchen.

Unterschiede in der Lebenszeit
Abhängig von ihrer biologischen Lebensdauer werden Pflanzen in 3 Gruppen eingeteilt:
Einjährige oder Annuelle nennt man Pflanzen, die während eines Jahres keimen, blühen, Samen bilden und dann absterben (wie zum Beispiel Zinnien, Kornblumen, Sommerastern). Sie können nicht überwintert werden. Man zieht sie in jedem Frühjahr aufs neue aus Samen.
Zweijährige oder Bienne heißen Pflanzen, die im Juli/August ausgesät werden und noch im gleichen Jahr keimen und grünen. Ihre Hauptblüte zeigt sich jedoch erst im darauffolgenden Frühling oder Sommer. Besonders gut geeignet für die Topfkultur sind Zweijährige, die bereits im Frühjahr mit Blüten erfreuen (wie Stiefmütterchen, Goldlack, Vergißmeinnicht). Nach dem Abblühen werden sie durch die Sommerbepflanzung ersetzt.
Mehrjährig sind Gehölze (Bäume und Sträucher) und Stauden, zu denen auch die Zwiebelblumen zählen. Sie können bei guter Pflege und richtiger Überwinterung viele Jahre alt werden. Je nach ihrer Herkunft sind sie winterhart und können im Freien (bei kleinen Gefäßen am besten mit einem Schutz (→ Seite 52) überwintern. Andere müssen vor Kälte geschützt im Haus überwintert werden.
Viele unserer Balkonblumen sind tropische oder subtropische Stauden, also am Heimatstandort mehrjährig. Bei uns ist ihre Überwinterung im Haus aber aufwendiger als eine erneute Aussaat im Frühling. Sie werden deshalb meist wie Einjährige gehalten.
Winterharte Stauden hingegen können mit etwas Schutz (→ Seite 52) im Freien überwintern. Die krautigen, oberirdischen Teile dieser Pflanzen sind nicht frostfest und sterben im Winter ab. Die Staude überdauert die kalte Jahreszeit in den unterirdischen Knollen, Wurzelstöcken oder Rhizomen. Aus diesen beginnt sie im Frühjahr erneut zu treiben.

◁ *Bunt und lebensfroh.*
Weltweit berühmt für Farbenpracht und Blütenreichtum sind die alpenländischen Balkon- und Fensterbepflanzungen.

Pflanzen kaufen oder selber ziehen?

Balkonpflanzen können Sie als fertige, blühende Pflanzen oder als noch nicht blühende, kleine Jungpflanzen kaufen. Die Alternative dazu heißt, selber ziehen. Wofür Sie sich auch entscheiden, jedes Verfahren hat seine Vor- und Nachteile.

Blühende Pflanzen kaufen
Wer hat nach langen, grauen Wintertagen nicht Lust, im Sonnenschein über den Markt zu schlendern, um viele bunte Frühlingsboten für die erste Balkonbepflanzung nach Hause zu tragen? Der Kauf fertiger Blütenpflanzen ist immer mit einem besonders frohen Gefühl verbunden.
Vorteile:
• Blühende Pflanzen sind ideal für die schnelle Bepflanzung ohne große Vorbereitung.
• Sie sparen Zeit, Mühe und Stellflächen, die Sie sonst zur An- oder Aufzucht der Pflanzen benötigen.
• Sie können sich fast rund ums Jahr an prächtig blühendem Balkonschmuck erfreuen. Das große Angebot, das Gärtnereien und Gartencenter zu jeder Jahreszeit führen, macht dies möglich.
• Dieses reichhaltige Angebot bietet auch den Vorteil, daß Sie sich Ihre zukünftige Balkonbepflanzung nicht erst mühsam in der Phantasie vorstellen müssen. Sie können gleich beim Einkauf die gewünschten Pflanzenarten und richtigen Farben aus dem vorhandenen Sortiment kombinieren.
Nachteile:
Blühende Balkonpflanzen sind teurer als Jungpflanzen oder Samen und der Transport von buschigen, blühenden Pflanzen ist heikler als der von kleinen. Hinzu kommt ein weiterer, regionaler Nachteil: Für den Sommerbalkon werden die meisten Blütenpflanzen ab Mitte April verkauft. In rauhen Gegenden können diese Blumen aber größtenteils erst ab Mitte Mai ins Freie gebracht werden. Wer aus einem reichen Sortiment auswählen will, muß jedoch frühzeitig einkaufen und damit für einen hellen Stellplatz und Pflege der Pflanzen sorgen.

Jungpflanzen kaufen
Jungpflanzen sind bewurzelte Stecklinge (zum Beispiel von Pelargonien) oder pikierte Sämlinge (zum Beispiel von einjährigen Sommerblumen oder Gemüse).
Vorteile:
• Jungpflanzen sind wesentlich preiswerter als blühende Blumen. Manchmal erhalten Sie sogar Rabatt auf die Abnahme einer größeren Menge.
• Jungpflanzen wurzeln besser ein als blühende Pflanzen, weil sie sich noch im vegetativen Wachstum befinden.
Nachteil:
Oft werden Jungpflanzen schon lange vor dem Auspflanztermin offeriert. Das heißt, Sie brauchen Platz und müssen Zeit für die Aufzucht investieren. Frostempfindliche Pflanzen können Sie am Fensterbrett, im Gewächshaus oder Frühbeetkasten weiterkultivieren.

Balkonblumen selber ziehen
Wer seltene Pflanzen auf seinem Balkon ziehen möchte, wird um die eigenhändige Aufzucht nicht herumkommen. Ihre Samen oder Zwiebeln erhalten Sie meist nur über Spezialfirmen (→ Adressen, Seite 63). Gehölze und Stauden benötigen viele Jahre, bis sie zu ansehnlichen Pflanzen herangewachsen sind. Überlassen Sie deren Anzucht getrost den Gärtnern und kaufen Sie gleich größere Exemplare.
Vorteile des Aussäens:
- Die eigene Anzucht von Balkonblumen ist preiswert.
- Sie kann gerade für Kinder zu einem spannenden Erlebnis werden.
- Besonders problemlos ist die Aussaat von schnellkeimenden Sommerblumen, die bereits Ende April ohne besondere Schutzmaßnahmen in den Balkonkasten im Freien ausgesät werden können.
- Ähnlich einfach ist das Stecken der Zwiebeln von Frühlingsblumen im Herbst. Sie werden im Gefäß im Freien überwintert (→ Seite 22).

Nachteile:
- Geduld, Zeit, etwas Disziplin bei der Pflege und die Kenntnis einiger gärtnerischer Zusammenhänge sind nötig, damit der Erfolg nicht ausbleibt.
- Gerade die frühzeitige Anzucht frostempfindlicher Balkonblumen kann unangemessene Kosten und Umstände mit sich bringen. Je nachdem in welchem Umfang Sie Ihre eigene Anzuchtgärtnerei betreiben, brauchen Sie dazu ein Einmachglas oder ein Kleingewächshaus mit automatischer Klimasteuerung. Oft ist zwar eine warme Fensterbank vorhanden, auf der die Samen gut keimen, aber häufig mangelt es an dem danach benötigten kühlen, sehr hellen Standort im Haus. Die jungen Pflänzchen vergeilen, fallen um und verfaulen, bevor sie nach den Spätfrösten ins Freie dürfen.

Kauftips für die 4 Jahreszeiten

Frühjahrsblüher. Zwiebeln zur eigenen Anzucht im September/Oktober kaufen und stecken. Fertige Pflanzen sind ab Dezember blühend erhältlich.
Sommerblumen.
- Blühende Balkonblumen sind ab April, Jungpflanzen ab März im Handel.
- Einjährige werden je nach ihrer Kulturzeit zwischen Februar und April ausgesät. Manche bekommen Sie auch vorgezogen.
- Zweijährige am besten im Juli/August des Vorjahres aussäen oder vorgezogen kaufen.
- Stauden im Frühjahr vorgezogen kaufen und einpflanzen.

Herbstblumen. Im Herbst blühende Stauden im Frühjahr als Jungstauden oder im Sommer als große Solitärs kaufen und pflanzen. Astern, Chrysanthemen und Erika sind ab August/September blühend erhältlich.
Winterbepflanzung. Immergrüne Gehölze oder winterblühende Gehölze (wie Zaubernuß, Ginster oder Schneeball) ab Frühjahr oder Herbst pflanzen und kultivieren.

Wo kauft man Pflanzen?
Am besten in Gärtnereien, die Balkonpflanzen selbst kultivieren. Gartencenter, Wochenmärkte und Blumengeschäfte bieten ebenfalls ein reichhaltiges Angebot mit meist guter Qualität und fachkundiger Beratung. Vorsicht beim Kauf in Bau- und Lebensmittelmärkten: Hier finden Sie preislich attraktive Pflanzenangebote. Die Qualität dieser Blumen läßt aber dann zu wünschen übrig, wenn sie unsachgemäß in den Warenregalen gelagert wurden. Seltene Blumen müssen Sie selbst aus Samen oder Zwiebeln ziehen, die Sie nur von Spezialversendern (→ Adressen, Seite 63) erhalten.

Auf den Standort kommt es an

Bevor Sie an den Kauf von Balkonblumen gehen, sollten Sie sich Ihren Balkon oder die Fenster, die Sie mit Blumen schmücken möchten, sehr genau anschauen. Denn das gute Gedeihen von Pflanzen hängt von Wasser und Nährstoffen, aber auch ganz maßgeblich von ihrem Standort ab. Und das bedeutet die Einflüsse von Licht, Temperatur, Wind und Regen. Diese Faktoren werden von unterschiedlichen Pflanzen recht unterschiedlich benötigt oder vertragen. Fuchsien lieben zum Beispiel nicht die grelle Sonne einer Südseite, Pelargonien und Petunien hingegen schon, kümmern jedoch, wenn sie Regen abbekommen. Informieren Sie sich also vor dem Kauf gründlich über die Bedürfnisse Ihrer gewünschten Pflanzen und stellen Sie sich folgende Fragen zu dem Standort, den Sie ihnen bieten können:
- In welche Himmelsrichtung werden meine Pflanzen gesetzt? (→ Die Lage des Balkons, Seite 11)
- Ist der Standort regen- und windgeschützt? (→ Wind und Regen, Seite 12)
- Wieviel Licht gibt es dort? (→ Sonne, Schatten, Halbschatten, Seite 12)
- Passen die Pflanzen zu Größe und Tragfähigkeit meines Balkons, werden sie vor dem Fenster nicht zu hoch?

Diese Vorüberlegungen helfen gärtnerische Fehlschläge und finanzielle Risiken zu vermeiden.

Gut gedüngt tragen Erdbeeren auch im Gefäß reiche Früchte – wie in dieser nostalgischen Keramikschale.

Die Lage des Balkons
Licht- und Temperaturverhältnisse auf dem Balkon (aber natürlich auch vor dem Fenster) sind von seiner Himmelsrichtung und den baulichen Gegebenheiten abhängig.
Der Südbalkon bietet den ganzen Tag über Sonne. Im Sommer bedeutet das aber auch besonders starke Hitze. Empfindliche Pflanzen können hier verbrennen. Auf alle Fälle muß viel gegossen werden. Optimal sind Südost- und Südwestlagen, hier gedeihen (außer Schattenliebenden) alle Pflanzen.
Der Nordbalkon ist ständig im Schatten, direkte Sonne erreicht ihn nie. Da hier die Sonne fehlt, die Regen- und Gießwasser aufsaugt, hält sich die Feuchtigkeit oft über lange Zeit im Substrat. Es gibt nur wenige Balkonblumen, die hier gut gedeihen, sommerliche Blütenfülle ist schwierig zu erreichen.
Der Ost- und Westbalkon haben ähnliche Lichtverhältnisse. Beide sind nicht der grell-heißen Mittagssonne ausgesetzt. Der Ostbalkon erhält die weiche Vormittagssonne. Der Westbalkon kommt in den Genuß der Nachmittags- und Abendsonne, bietet als Wetterseite aber Sturm und Niederschlägen oft freien Zugang.
Mein Tip: Diese generellen Angaben müssen Sie wegen der individuellen Gegebenheiten Ihrer Umgebung relativieren. So kann ein Südbalkon durch eine Überdachung oder einen davorstehenden Baum in den Schatten gerückt werden. Umgekehrt macht eine benachbarte, die Sonne reflektierende, weiße Hauswand Ihren Nordbalkon zu einem helleren Domizil.

Spaliere bieten einen Windschutz und schützen vor Nachbars Blicken.

Wind und Regen
Westlagen sind Wind und Regen oft ungeschützt ausgeliefert. Auch in Dachgärten, höher gelegenen Balkonen und freiliegenden Terrassen sollten Sie keine empfindlichen Pflanzen, die leicht abknicken, ansiedeln. Schlecht oder nur kaum gedeihen manche wärmeliebenden Balkonblumen, wenn sie Regenschauern ausgesetzt sind

Sonne, Schatten, Halbschatten
Mit diesen Begriffen kennzeichnen Gärtnereien und Gartencenter die Lichtansprüche der Pflanzen. Sie sind auf Kurz-Pflegeinformationen meist durch folgende Symbole gekennzeichnet.

☼ = Sonne: Die Pflanze braucht und verträgt volle Sonne. Der nach Süden gerichtete Platz ist für ihre Blütenentwicklung wichtig.

● = Schatten: Die Pflanze verträgt oder mag Schatten, kann also an Nordseiten gepflanzt werden.

◐ = Halbschatten: Die Pflanze gedeiht am besten an einem hellen Platz ohne aggressive Mittagssonne. Das finden Sie in Ost- oder Südostlagen sowie in West- oder Südwestlagen.

Kleine Gefäßkunde

Jede Balkonblume gewinnt, wenn sie sich in einem zu ihr und zur Umgebung passenden, schönen Gefäß befindet. Der Fachhandel führt ein überaus reiches Angebot an Töpfen, Kübeln, Kästen, Schalen, Trögen, Hängeampeln und Amphoren in unterschiedlichsten Materialien. Beim Gefäßkauf sollten Sie die Angebote nach folgenden Kriterien prüfen und vergleichen: Material, Form, Größe, Gewicht, Haltbarkeit und Preis.

Was jedes gute Pflanzgefäß besitzen sollte:

- Genügend Pflanzraum, damit den Balkonblumen ausreichend Substrat und Platz für die Wurzelbildung zur Verfügung steht. Dies ist besonders wichtig für Pflanzen, die nicht nur für einen Sommer gekauft werden. In zu kleinen Gefäßen besteht im Sommer außerdem die Gefahr, daß die Pflanzen zu wenig Wasser erhalten, weil kaum feuchtigkeitsspeicherndes Substrat im Gefäß ist.
- Abzugslöcher für das Gießwasser, damit beim kräftigen Gießen oder bei Stand im Regen sich keine Staunässe bildet und die Wurzeln verfaulen.
- Frostbeständigkeit, wenn winterharte Pflanzen, wie Koniferen, kleine Laubgehölze oder Stauden darin im Freien überwintern sollen.

Mein Tip: Kaufen Sie gleichzeitig zu jedem Gefäß einen passenden Untersatz fürs überschüssige Gießwasser. So ersparen Sie sich unschöne Wasser- und Moosränder auf dem Boden und Unannehmlichkeiten mit Hausbesitzern und Nachbarn.

Verschiedene Materialien, Vorteile - Nachteile

Kunststoffgefäße. Gefäße aus Plastik sind witterungsbeständig, leicht und in der Anschaffung preiswert. Im Sommer halten sie die Feuchtigkeit im Substrat besser, weil die Gefäßwände kein Wasser aufsaugen und durch sie auch nichts verdunstet. Die Nachteile: Plastikgefäße sind nicht besonders schön. In Südlagen allerdings können sie sich so erhitzen, daß es zu Schädigungen an den Wurzeln kommt.

Terrakottagefäße sind wunderschön, passen zu allen Pflanzen und zaubern sofort südliches Flair auf Ihren Balkon. Es gibt sie schlicht und reich verziert gearbeitet. Sie haben ein beträchtliches Eigengewicht, was ihnen gute Standfestigkeit verleiht und lassen durch ihre porösen Wände, die Pflanzenwurzeln gut atmen. Allerdings verdunstet dadurch auch im Sommer viel Feuchtigkeit. Die Nachteile: Sie sind teuer und weder bruchfest noch frostsicher.

Eternitgefäße gibt es nun auch asbestfrei im Handel. Sie sind schwer, also standfest, frostsicher und atmungsaktiv. Sie eignen sich gut für besondere Gestaltungen, denn sie können in allen Farben bemalt werden. Die Nachteile: Gefäße aus Faserzement sind teuer und springen schon bei kleinen Stößen.

Holzgefäße sind von mittlerem Gewicht und frostbeständig. Die Nachteile: Sie sind teuer, und sehr pflegeintensiv. Je nach Holzart sind sie anfällig für Feuchtigkeit und müssen deshalb öfters mit pflanzenverträglichen Holzschutzmitteln behandelt werden. Holzgefäße zur besseren Durchlüftung immer auf Holzstücke oder Backsteine stellen.

Rechtsfragen: Sicherheit auf dem Balkon

Gehört ein Balkon zur vermieteten Wohnung, so kann der Mieter ihn grundsätzlich nach seiner freien Verfügung nutzen, soweit nicht die Rechte der Mitmieter oder des Hauseigentümers beeinträchtigt werden. Viele Mietverträge gestatten auch nicht, Balkonkästen nach außen hängend anzubringen.

- Der Mieter darf im Regelfall auch ohne Zustimmung des Vermieters auf dem Balkon Blumenkästen anbringen und diese nach freier Wahl bepflanzen. Grenze seines Rechts ist, daß die Sicherheit der Balkonbrüstung nicht gefährdet oder das Äußere des Hauses nicht verunstaltet wird.
- Wollen Sie besonders viele Balkonkästen oder etwa schwere Pflanzkübel aufstellen, muß die Tragfähigkeit und Statik des Balkons überprüft werden.
- Klären Sie bauliche Veränderungen auf dem Balkon, wie das Anbringen von Rankgittern, Balkonverkleidungen oder Balkonwand- und Bodenanstriche schriftlich mit dem Vermieter ab. Wohnungseigentümer müssen sich mit anderen Wohnungseigentümern besprechen. Auch wenn Sie eine schriftliche Einwilligung haben, müssen diese Bauveränderungen bei Beendigung des Mietverhältnisses wieder beseitigt werden, wenn der Vermieter dies wünscht.
- Befestigen Sie Balkonkästen so, daß Wind und Sturm sie nicht herunterstoßen können (→ Praxis Befestigen, Seite 14/15). Damit die Kästen gesichert sind, besitzen handelsübliche Kastenhalterungen eine »Sicherheitsnase« (→ Zeichnung 2, Seite 14), die den Kasten nicht kippen läßt.
- Kontrollieren Sie in regelmäßigen Zeitabständen die Haltevorrichtungen.
- Vermeiden Sie, daß Gieß- und Regenwasser die Fassade oder zum Nachbarn hinunterrinnt. Gerade im Herbst und Winter kann es zu einer besonderen Gefahrenquelle werden, wenn es auf den Gehsteig läuft und dort gefriert. Deshalb unter jedem Pflanzgefäß einen Untersetzer anbringen.
- Versprühen Sie Pflanzenschutzmittel nur, wenn Ihre Nachbarn nicht auf dem Balkon sind. Achten Sie grundsätzlich darauf, daß der Sprühnebel nicht in benachbarte Balkone gelangt.

Pflege der Gefäße

Tongefäße müssen vor dem ersten Bepflanzen gründlich gewässert werden. Am besten in der Badewanne so lange untertauchen, bis keine Luftblasen mehr aufsteigen. Große Tongefäße können Sie auch einige Tagen in den Regen stellen oder mit dem Gartenschlauch längere Zeit abspritzen.

Nach dem Ausräumen muß jedes Gefäß gründlich unter fließendem Wasser mit einer Bürste gereinigt werden. Kalkausblühungen an Terrakottagefäßen sollten sie hinnehmen, sie verleihen den edlen Gefäßen erst die begehrte Patina.

Vor Frostbeginn alle nicht frostbeständigen Gefäße frostfrei unterbringen.

PRAXIS
Befestigen

Balkonkästen, Töpfe und Ampeln müssen sicher, fest und sinnvoll angebracht sein, so daß sie auch standhalten, wenn heftige Stürme an ihnen zerren. Unbefestigte Gefäße sind eine Gefahr für Passanten und können Verletzungen oder Sachbeschädigungen auslösen. **Wichtig:** Gefäße grundsätzlich mit Untersetzern fürs Gießwasser versehen!

Blumenampeln befestigen

Der Platz auf dem Balkon ist eng bemessen, und so bieten Ampeln eine willkommene Möglichkeit, weitere Pflanzen unterzubringen. Ampeln werden meist geschützt an einem Mauervorsprung oder einer Decke mit eingedübelten Haken aufgehängt. Sie sollten so hoch hängen, daß man sich weder an ihnen stoßen kann, noch, wenn die Pflanzen prächtig hängend gewachsen sind, diese im Wuchs behindert werden. Die Aufhängestelle für Ampeln sollte also gut überlegt sein! So bezaubernd Ampeln aussehen, gerade, wenn sie hoch genug angebracht sind, sind sie oft Stiefkinder der Pflege. Gießen, Ausputzen und Schädlingsbefall werden häufig übersehen. Hierzu gibt es Befestigungen, die diese Arbeiten etwas erleichtern:

Ampelaufhängung mit Flaschenzug. Die Ampel ist nicht an einem Haken, sondern an einer Rolle befestigt, von der aus eine längere Kette zur Seitenwand hinunterläuft und dort arretiert ist. Für alle Pflegemaßnahmen läßt man das Gefäß an der Kette herunter und zieht es später wieder in die Höhe. Diese sinnvolle Vorrichtung ist im Fachhandel erhältlich.

Wandbefestigung (→ Zeichnung 1). Weniger außer Reichweite sind Ampeln, die an Seitenwänden mit Wandhalterungen befestigt werden. Im Fachhandel gibt es zahlreiche, schön geschmiedete Aufhängungen. **Mein Tip:** Ampeln an Naturseilen aufzuhängen, ist schön. Achten Sie jedoch darauf, daß die tragenden Schnüre nicht mit der Pflanzerde in Verbindung kommen. Durch dauernde Feuchtigkeit faulen diese Seile, und die Ampel löst sich. Sicherer sind Ketten, Draht- und Kunststoffseile oder verzinkter Draht.

Balkonkästen befestigen

Je nach architektonischer Beschaffenheit Ihres Balkons können Sie die im Handel erhältlichen Balkonkastenhalter oder -sicherungen benutzen oder die Kästen mit wenig technischem Aufwand selbst befestigen. Erkundigen Sie sich unbedingt vorher, ob das Geländer schwere Balkonkästen trägt und ob an Ihrem Balkon Kästen angebracht werden dürfen. Häufig ist das Nach-außen-Hängen verboten.

1 Schmiedeeiserne Seitenwand-Aufhängung für Blumenampeln.

Balkonkastenhalter zum Einhängen (→ Zeichnung 2). Mit diesen handelsüblichen Haltern können Sie Balkonkästen sowohl innen als auch außen an der Balkonbrüstung einhängen. Mittels Schrauben lassen sich die Halter an die Breite des Kastens und des Geländers anpassen. Zu diesen Haltern gehören

2 Handelsübliche Balkonkastenhalterung für Innen- und Außenaufhängung.
3 Ecksicherung für Brüstungen mit vorstehendem Sims zum Anschrauben.
4 Bandeisenbefestigung für Holzbrüstungen und Holzkästen.

auch waagrecht über den Kasten reichende Metallstücke, die auf die Halterung aufgeschraubt werden und als Kippschutz dienen. Bepflanzte Kunststoffkästen hängen leicht durch und sollten alle 40 cm auf einem Halter aufsitzen.

Balkonkastensicherung zum Festschrauben (→ Zeichnung 3). Diese handelsüblichen Eckhalter ermöglichen das sichere Aufstellen von Balkonkästen auf Brüstungen und Fensterbrettern. Sie werden dort festgeschraubt und verhindern damit, daß die Kästen hinunterstürzen.

Befestigung mit Bandeisen (→ Zeichnung 4). Eine denkbar einfache Methode, um Holzkästen auf breiten Holzbrüstungen zu befestigen. Dazu brauchen Sie gelochte Bandeisen, die in allen möglichen Maßen in Baumärkten erhältlich sind. Mit Holzschrauben werden Kästen und Brüstung damit sicher verbunden.

Einzeltöpfe sicher plazieren

Noch labiler in ihrer Standfestigkeit als Kästen sind einzelne Blumentöpfe. In manchen Gegenden werden sie aber gerade als Fensterschmuck sehr geschätzt, da man sie ohne Umpflanzaktion einfach austauschen kann.

Blumentöpfe auf dem Fenstersims sichern (→ Zeichnung 5). Mit zwei Winkeleisen und einer stärkeren Holzlatte können Sie einen einfachen Topfschutz selbst bauen. Die Winkeleisen werden in Höhe der oberen Topfränder in die Mauer gedübelt. Zwischen den Töpfen und der Leiste darf kaum Spielraum bleiben, damit die Töpfe nicht kopfüber kippen können. Die Leiste selbst wird mit Holzschrauben an den Winkeleisen verschraubt.

Töpfe in Blumenkästen einstellen (→ Zeichnung 6). Das ist eine einfache Möglichkeit, die Stellfläche eines zu schmalen Fensterbretts zu vergrößern. Befestigen Sie unterhalb des Fensters handelsübliche Balkonkastenhalter mit Dübeln in der Mauer. In dem so verankerten Balkonkasten können Sie bequem Töpfe unterbringen und jederzeit auswechseln. Selbstverständlich eignet sich diese Methode auch für Einzeltopf-Unterbringung an Balkonbrüstungen – innen wie außen.

Einzeltöpfe am Balkongeländer befestigen (→ Zeichnung 7). Für Ecken bietet der Fachhandel Drahtkörbe an, in die man Töpfe einstellen kann. Gerade für kleine Balkone ist dies eine hübsche Idee und zeigt, wie man auch noch die meist ungenutzten Innenecken begrünen kann.

Für Gittergeraden gibt es im Fachhandel Topfhalter, in die man die Blumentöpfe einklemmt. Diese einfachen Hilfsmittel bekommen Sie in einer reichen Auswahl. Mit ihnen lassen sich viele Pflanzen an einem Balkongitter, aber auch an einer Spalierwand unterbringen.

5 Lattenbefestigung von Einzeltöpfen auf Fenstersimsen.

6 In Blumenkästen eingestellte Einzeltöpfe unterm Fensterbrett.

7 Halterungen für Einzeltöpfe an Balkongittern und -ecken.

Mein Tip: Einzelne Töpfe können Sie außerdem auf die folgende Weise sichern: Stecken Sie ein längeres Stück verzinkten Eisendraht von unten durch Wasserabzugsloch und Erde, bis es oben aus dem Pflanztopf herausragt. Holen Sie das untere Ende des Drahts nach oben und zurren Sie den Topf mit beiden Drahtenden am Geländer fest.

Gestaltungs-Ideen, die Spaß machen

Balkonkästen für jede Jahreszeit

Zart-frische Frühlingsblumen, prachtvoll blühende Sommerbepflanzungen, rotgoldene Herbststimmung und munteres Grün mitten im Winter – dies alles läßt sich ohne großen Aufwand auf jedem Balkon schaffen. Ganz gleich, ob Ihnen viel oder wenig Raum zur Verfügung steht, den meisten zauberhaften Pflanzkombinationen genügt schon ein kleines Plätzchen, sei's im Blumenkasten, in Schale, Ampel, Topf oder Kübel. Auf den folgenden Seiten finden Sie Tips zur Gestaltung sowie Bepflanzungsideen für Frühling, Sommer, Herbst und Winter.

Treffpunkt bunter Sommerblumen. Die ganze Pracht des Sommers ist in diesem Kasten eingefangen. Die rote Pelargonie strahlt als fröhlicher Farbtupfer zwischen gelbem Sonnenhut und Ringelblumen sowie dunkelblauen Petunien und Blauer Mauritius (→ Pflanzrezept, Seite 29).

Tips zum Gestalten mit Balkonblumen

Der Reiz Ihrer Balkonbepflanzung läßt sich durch eine geschickte Auswahl der Pflanzen, ihre Farbzusammenstellung und Gruppierung um ein Vielfaches steigern. So wie ein gut gesetzten Make up die schönen Züge eines Gesichts noch besser zur Geltung bringt, können harmonisch miteinander kombinierte Blumen ihren individuellen Reiz gegenseitig verstärken.

Immer an die Optik denken!

Wer auch immer mit Pflanzen gestaltet, möchte seine nähere Umgebung verschönern, sich selbst und anderen Freude bereiten. Bedenken Sie deshalb vor Blumenkauf und Einpflanzen einige Grundregeln der optischen Wirkung:
Fernwirkung erzielen Sie mit Pflanzen, die große Blüten und/oder einen reichen Flor ansetzen. Beispiel: Die oft mehrstöckigen Balkone großer Bauernhöfe im alpenländischen Bereich sind meist mit Pelargonien, Petunien oder Begonien geschmückt.
Naheffekt. Wer auf einem kleinen Balkon eine grüne Oase primär für sich schaffen möchte, kann auch Blumen mit wenigen, zarten oder filigranen Blüten wählen. Denn sie gewinnen beim Betrachten aus der Nähe.
Umgebung. Sei's eine Betonmauer, eine Holzbrüstung oder ein schmiedeeisernes Geländer – jede Bepflanzung befindet sich vor einem Hintergrund, der sie farblich beeinflußt. Vor einer hellen Wand, deshalb am besten kräftige Farben wählen, vor dunklem Hintergrund hingegen wirken helle, pastellfarbene Blüten bezaubernd.
Optisches Gleichgewicht. Stellen Sie sich beim Anordnen der Pflanzen vor, Ihr Balkonkasten sei eine Wippe mit dem Waagepunkt genau in der Mitte. Als schön werden Bepflanzungen empfunden, die im Gleichgewicht sind. Das heißt nicht, daß rechts und links das Gleiche eingepflanzt werden soll. Aber: Eine hohe Pflanze auf einer Seite erfordert ein Gegengewicht, zum Beispiel durch eine hängende oder buschig wachsende Blume.

Repräsentative Bepflanzung

Für sie gelten andere Gesetze als für die naturnahe Gestaltung. Mit repräsentativ ist Blumenschmuck gemeint, der einen Balkon oder eine ganze Hausfront – von außen betrachtet – verschönern soll. Pflanzen Sie hier optisch gestaffelt, also stehende oder kräftig wachsende Pflanzen in den Hintergrund. Für den Vordergrund empfehlen sich niedrige, hängende oder halbhängende Balkonblumen, die den Gefäßrand umspielen.
Mein Tip: Wählen Sie vor Fenstern keine allzu hochwachsenden Pflanzen, sie beeinträchtigen den Lichteinfall.

Naturnahe Bepflanzung

Hierbei wird die Hoch-Niedrig-Anordnung durchbrochen. So kommen auch einmal hochwachsende Pflanzen in den Vordergrund, hängende oder rankende können eine Bepflanzung von der Mitte oder von hinten aus durchwachsen oder kleinere Blumen sich hinter größeren verstecken. Achten Sie bei einem Spaziergang einmal ganz bewußt auf das Vorkommen und Wachstum von Pflanzen. Die Natur begegnet uns nicht oft gestaffelt, sondern hält immer etwas zum Entdekken bereit, zum Beispiel hinter einem buschigen Strauch windgeschützt eine liebreizende kleine Blumennische.
Wählen Sie deshalb beim Blumenkauf für naturnahe Bepflanzungen nicht nur gleichmäßig gewachsene sondern auch krumme oder einseitige Pflanzen aus.
Mein Tip: Greifen Sie nicht vorschnell ordnend mit der Schere ein, sondern nur dann, wenn das üppige Wachstum einer Pflanze, den Nachbarblumen die Lebensgrundlage zu nehmen beginnt.

Farbrezepte

Das lange Band einer gleichmäßigen Bepflanzung aus roten Hängepelargonien wird von unseren Augen als ruhig, schnell aber auch als langweilig empfunden. Jede Eintönigkeit unterfordert die menschlichen Sinne und läßt sie abstumpfen. Sorgen Sie deshalb auch farblich für Abwechslung:

Bildschön und verspielt zugleich – ein Balkon ganz in der Farbe der Romantik.

- Komplementärfarben bringen sich gegenseitig am besten zum Leuchten: Das sind Rot-Grün-, Blau-Orange- und Gelb-Violett-Kontraste.
- Ton-in-Ton-Kombinationen wirken sehr elegant.
- Kühle Farben sind Blau, blaustichiges Rot, Violett, Blaugrün, Grüngelb und Weiß. Sie können sehr gut untereinander kombiniert werden.
- Warme Farben sind Gelb, Orange, Zinnoberrot, Gelbgrün. Sie harmonieren ebenfalls immer gut miteinander.
- Selbstverständlich dürfen auch warme und kühle Farben aufeinandertreffen. Jedoch sollte man dann besonders bewußt mit der Farbe umgehen. Wenig passiert, wenn Sie sich schwerpunktmäßig für einen Bereich entscheiden und den anderen nur zur Akzentsetzung benützen. Dies ist ganz einfach dadurch zu erreichen, indem Sie Farbmengen-Verhältnisse klar unterscheiden: Viele Pflanzen von einem Bereich (zum Beispiel warme Farben), wenige vom anderen (also kalte Farben).
- Grün wird oft bei Balkonbepflanzungen vergessen. Es ist wie eine Ruhezone zwischen den bunten Blüten. Grün ist immer die Farbe der Blätter, läßt sich aber vermehren durch Zupflanzen von Asparagus, Gräsern oder Efeu. Weiß-grüne Blätter, wie sie das beliebte Elfengold (*Plectranthus coleoides*) oder panaschierte Efeu-Sorten besitzen, bringen zusätzlich Licht in das Pflanzen-Arrangement.

Farb- und Pflegekalender der wichtigsten Balkonblumen

	andere Blütenfarben	auch weiß	Botanischer Name / Deutscher Name	Blütezeit	Standort	Gießen	Überwintern
Kühle Farben: Blau bis Violett			*Brachyscome iberidifolia* **Australisches Gänseblümchen**	VI - X	☼ ◐	◇	⌂
	rosa	□	*Convolvulus tricolor* **Dreifarbige Winde**	VI - IX	☼ ◐	◆	1
			Convolvulus sabatius **Blaue Mauritius**	V - X	☼ ◐	◇	⌂
			Felicia amelloides **Kapaster**	V - X	☼ ◐	◇	⌂
			Heliotropium arborescens ☠ **Vanilleblume**	V - X	☼ ◐ regenempfindlich	◆	⌂
	rosa	□	*Lobelia erinus* **Männertreu**	V - X	☼ ◐ ●	◆	1
	rosa	□	*Lobularia maritima* **Duftsteinrich**	V - IX	☼ ◐	◇	1
	rosa	□	*Myosotis sylvatica* **Vergißmeinnicht**	IV - VII	☼ ◐	◇	1
			Scaevola aemula **Fächerblume**	VI - X	☼ ◐	◇	⌂
	crème, gelb, orange, rot, rosa	□	*Viola*-Wittrockiana-Hybriden **Stiefmütterchen**	IX - VI	☼ ◐	◇	Bäumchen
Kühle Farben: Rosa bis Purpur	rot	□	*Bellis perennis* **Maßliebchen**	II - VI	☼ ◐	◆	Bäumchen
	gelb, rot, violett, blau	□	*Callistephus chinensis* **Sommeraster**	VII - X	☼ ◐	◇	1
			Centradenia **Kaskadenblume**	IV - X	☼ ◐	◇	⌂
	crème, gelb, orange, rot, rotbraun, violett	□	*Chrysanthemum*-Indicum-Hybr. ☠ **Herbstchrysantheme**	IX - XI	☼ ◐ ●	◇	⌂
		□	*Erigeron karvinskianus* **Spanisches Gänseblümchen**	V - X	☼ ◐	◇	⌂
	orange, violett, grün	□	*Fuchsia* **Fuchsie**	V - X	◐ ● windgeschützt	◆	⌂
	orange, rot, violett	□	*Impatiens*-Hybriden **Fleißiges Lieschen**	V - X	◐ ● regenempfindlich	◇	⌂
	gelb, rot, violett, blau	□	*Petunia*-Hybriden ☠ **Petunie**	V - X	☼ ◐ regenempfindlich	◆	1
	crème, gelb, orange, rot	□	*Rosa* **Balkonrose**	VI - X	☼ ◐	◇	Bäumchen
	rot, lachs, violett, blau	□	*Verbena*-Hybriden **Verbene**	V - X	☼ ◐	◆	1

Die Pflegesymbole und ihre Bedeutung:

Wer sich einen Blumenkasten oder den ganzen Balkon in seiner Lieblingsfarbe bepflanzen möchte, findet hier nach Farben geordnet Pflanzenvorschläge des Autors. Selbstverständlich sind auch die anderen Blütenfarben der Pflanzen angegeben. Weiße Blüten erscheinen dabei in einer eigenen Rubrik.

Blütezeit:
Die römischen Ziffern benennen die Monate.

Standort:

☼ sonnig ◐ halbschattig ● schattig

Pflanze ist regenempfindlich, vor Nässe schützen

Pflanze braucht wind geschützten Standort

Farb- und Pflegekalender der wichtigsten Balkonblumen

	andere Blütenfarben	auch weiß	Botanischer Name Deutscher Name	Blütezeit	Standort	Gießen	Überwintern
Warme Farben: Gelb bis Orange			*Asteriscus maritimus* **Goldmünze**	V - X	☼ ◐	mäßig	Haus
			Calceolaria integrifolia **Pantoffelblume**	V - X	☼ ◐ Tropfen-Symbol	reichlich	1
	rosa	□	*Chrysanthemum frutescens* **Topfmargerite**	V - X	☼ ◐	reichlich	Haus
	crème	□	*Dimorphotheca sinuata* **Kap-Ringelblume**	V - IX	☼ ◐	mäßig	1
	crème, rotbraun, braun		*Helianthus annuus* **Sonnenblume**	VIII - X	☼ ◐ Pfeil-Symbol	reichlich	1
	crème, rosa, rot, blau	□	*Nemesia*-Hybriden **Elfenspiegel**	V - IX	☼ ◐	mäßig	1
			Sanvitalia procumbens **Husarenknöpfchen**	V - X	☼ ◐	mäßig	1
		□	*Thunbergia alata* **Schwarzäugige Susanne**	V - X	☼ ◐ Pfeil-Symbol	mäßig	1
			Thymophylla tenuiloba **Gelbes Gänseblümchen**	VI - X	☼ ◐	mäßig	1
	crème, rot, rotbraun		*Tropaeolum*-Hybriden **Kapuzinerkresse**	V - X	☼ ◐ ●	reichlich	1
Warme Farben: Rot bis Rotbraun	gelb, orange, rosa, lachs	□	*Begonia*-Knollenbegonien-Hybr. ☠ **Knollenbegonie**	IV - X	◐ ● Tropfen-Symbol	mäßig	Haus
	gelb, orange, rosa		*Cheiranthus cheiri* **Goldlack**	IV - VI	☼	mäßig	Schutz im Freien
	rosa, lachs	□	*Dianthus*-Chinensis-Hybriden **Sommernelke**	VI - X	☼ ◐ Tropfen-Symbol	mäßig	1
	rosa	□	*Erica herbacea* **Schneeheide**	X - XII	☼ ◐ ●	reichlich	1
	crème, gelb, orange, rosa	□	*Gazania*-Hybriden **Mittagsgold**	VI- IX	☼	mäßig	Haus
	gelb, orange, rosa	□	*Lantana*-Camara-Hybriden ☠ **Wandelröschen**	V - X	☼ ◐	mäßig	Haus
	crème, rosa, grün	□	*Nicotiana sanderae* ☠ **Ziertabak**	V - X	☼ ◐ ●	mäßig	1
	rosa, lachs, violett	□	*Pelargonium* **Geranie**	V - X	☼ ◐	reichlich	Haus
	gelb, orange, rosa blau, violett	□	*Primula*-Vulgaris-Hybriden ☠ **Kissenprimel**	I - V	☼ ◐	mäßig	Schutz im Freien
	gelb, orange		*Tagetes*-Hybriden ☠ **Studentenblume**	VI - X	☼ ◐	mäßig	1

Gießen:

reichlich gießen

mäßig gießen

Überwintern:

1 Pflanze ist einjährig, kann nicht überwintert werden

Pflanze muß im Haus überwintert werden

Pflanze kann mit Schutz im Freien überwintern

Warnung:

☠ Pflanze ist giftig oder enthält hautreizende Stoffe

Frühlings-Ideen Tips und Beispiele

Nach einem langen, grauen Winter sehnt sich jeder nach bunten Farben und frischem Grün. Man denkt an Schneeglöckchen, Veilchen, Krokusse, Tulpen und Narzissen. Damit Sie diese fröhlichen Frühlingsboten mit all ihrer Farbenpracht genießen können, sollten Sie rechtzeitig ans Pflanzen denken.

Die meisten Frühlingsblumen sind Zwiebelblumen, die nur dann bereit sind, ihre frisch-zarten Blüten zu zeigen, wenn ihr ganz spezielles Keim- und Wachstumsprogramm berücksichtigt wird.

Zwiebelblumen – wann pflanzen?

Im Herbst. Alle Zwiebelblumen, die im Frühjahr blühen und trotzdem frostige Nächte vertragen sollen, müssen im Herbst in frostsichere Gefäße gepflanzt werden. Ab dem Spätsommer bieten Gartencenter und Gärtnereien eine reiche Auswahl vieler Frühlingsblüher an. Raritäten erhalten Sie von Spezialversendern (→ Adressen, Seite 63). Achten Sie beim Einkauf darauf, daß die Zwiebeln keine Schimmelstellen zeigen und nicht eingetrocknet sind.

Wenn Sie nicht sofort nach dem Kauf pflanzen, lagern Sie die Zwiebeln bis zum Stecken dunkel, kühl und auf keinen Fall in Plastikbeuteln.

So wird eingepflanzt: Stecken Sie die Zwiebeln mit der Triebspitze nach oben und möglichst doppelt so tief wie sie hoch sind ins Substrat. Oben und unten sind bei Blumenzwiebeln schwer – oft nur an den vertrockneten Würzelchen – zu erkennen. Sollten Sie einmal verkehrt eingepflanzt haben, ist das nicht schlimm. Die Zwiebeln rücken sich selbst wieder in die richtige Position, brauchen aber vermutlich bis zur Blütenbildung etwas länger.

Stellen Sie die Pflanzgefäße in einer geschützten Ecke Ihres Balkons auf und halten Sie die Erde gut feucht, damit die Wurzeln treiben können. Vergessen Sie die Pflanzung nicht im Winter und gießen Sie auch bei frostfreiem, trockenem Wetter.

Im Frühjahr. Die Mühe des Vorziehens können Sie sich ersparen, wenn Sie im Frühjahr die Zwiebelgewächse bereits blühend kaufen. Gärtnereien übernehmen die Vorkultur und bieten oft schon ab Mitte Dezember die ersten Frühlingsblüher an. Allerdings wurden diese Pflanzen bei höheren Temperaturen vorgezogen und erfrieren im Freien bei Frostwetter. Sie eignen sich zur kurzfristigen Dekoration des Balkons oder als Zimmerschmuck. Eine langfristigere Anpflanzung mit vorgetriebenen Frühlingsblumen sollten Sie erst vornehmen, wenn die Außentemperaturen nicht mehr im Minusbereich liegen. Sie können die Blütezeit einer solchen Anpflanzung verlängern, wenn Sie sie

- bei Frost mit Noppenfolie, Papier oder Tüchern abdecken;
- halbschattig, also nicht in die direkte Sonne stellen;
- im Zimmer an einem kühlen, schattigen Platz aufstellen.

Wohin mit abgeblühten Zwiebeln?

In großen Gefäßen und dauerhaften Bepflanzungen entfernen Sie höchstens welke Blüten und braunes Laub. Schneiden Sie nie grüne Pflanzenteile von Zwiebelblumen ab. Damit sie im nächsten Jahr wieder blühen, muß die gesamte Kraft aus den Blättern zurück in die Zwiebel.

Wenn Sie die Bepflanzung mit der Jahreszeit wechseln möchten, lohnen sich Weiterkultur oder Aufbewahrung nicht. Einfacher und erfolgreicher ist es, wenn Sie sich im Herbst neue Zwiebeln besorgen. Wer einen Garten hat, kann die abgeblühten Pflanzen aus dem Gefäß nehmen und dort auspflanzen.

Pflanztip: Bepflanzen Sie Kästen und Schalen im Herbst gleichmäßig mit Stiefmütterchen in Ihrer Lieblingsfarbe. Stecken Sie anschließend viele Tulpenzwiebeln in bunten Farben unregelmäßig dazwischen. Im Winter feucht gehalten, entwickelt sich diese Pflanzung im Frühjahr zu einem turbulenten Tulpenfeuerwerk.

Frühling auf dem Balkon. ▷ *Zwischen überwinterten Pflanzen und bunten Frühlingsblumen tut es gut, die ersten Sonnenstrahlen einzufangen.*

Frühlingsideen

Schnelle Bepflanzungsvorschläge für Kurzentschlossene. All diese fröhlichen Frühlingsblumen erhalten Sie vorgetrieben und bereits blühend im zeitigen Frühjahr.

Primelkasten in warmen Tönen

Wenig Aufwand – große Wirkung. Die blühenden Pflanzen sind bereits ab Januar im Handel.
Pflanzen für 60 cm-Kasten:
12 Kissenprimeln, *Primula-Vulgaris-Hybriden*
Einpflanzen und pflegen:
Die Pflanzen versetzt, dabei die vorderen leicht über den Kastenrand geneigt einpflanzen. Gut gießen und wöchentlich düngen. Bei Minusgraden mit Zeitungspapier abdecken. Ab Mai die Primeln in den Garten setzen, dort blühen sie im nächsten Jahr aufs neue, und der Kasten kann für die Sommerbepflanzung wiederverwendet werden.

Weidenstämmchen im Kübel

Wandlungsfähige Bepflanzung für viele Jahre und Bienenweide im Frühjahr.
Pflanzen für Kübel mit 50 cm Durchmesser:
2 Hängende Kätzchenweiden, *Salix caprea* 'Pendula'
6 Pflanzen Kleines Immergrün, *Vinca minor*
1 Christrose, *Helleborus*-Hybride
1 Topf Duftnarzissen, *Narcissus tazetta* 'Cheerfulness' (pro Topf etwa 4 Zwiebeln)
2 Töpfe Traubenhyazinthen, *Muscari aucheri* (pro Topf etwa 5 Zwiebeln)
Einpflanzen und pflegen:
Im zeitigen Frühjahr Kätzchenweiden, Immergrün und Christrose kaufen. 2 Kätzchenweiden bilden eine ausgewogene Krone. Die Christrose in den vorderen Bereich geben, den Rest locker mit Immergrün besetzen. Dabei Platz aussparen für die erst später blühend erhältlichen Narzissen und Traubenhyazinthen. Narzissen in den Hintergrund, Traubenhyazinthen in Stammnähe einpflanzen. Den Kübel halbschattig aufstellen sowie regelmäßig gießen und düngen.

Von April bis Mai öffnet das Immergrün seine zierlichen blauen Blütchen. Kübel mit Schutz im Freien überwintern. Im folgenden Frühjahr düngen.
Warnung: Christrosen und Narzissenzwiebeln sind giftig.

Primeln im Kasten – Bepflanzung für jeden Standort.

Weidenstämmchen nur in frostsichere Gefäße setzen.

Osterschale in Violett

Dekorative Schale fürs Zimmer, die nach Ostern auch ins Freie darf.
Pflanzen für Schale mit 25 cm Durchmesser:
2 Kissenprimeln, *Primula-Vulgaris-Hybriden*
3 Töpfe Traubenhyazinthen, *Muscari aucheri* (pro Topf etwa 5 Zwiebeln)
3 Hyazinthen, *Hyazinthus orientalis* 'Bismarck'
1 Topf Schneestolz, *Chionodoxa gigantea* (pro Topf mehrere Zwiebeln)
Einpflanzen und pflegen:
Die Pflanzen sind blühend ab Januar erhältlich. Blumen nach der Höhe gestaffelt einpflanzen: Primeln, Schneestolz in den Vordergrund setzen, Traubenhyazinthen in die Mitte, Hyazinthen in den Hintergrund. Schale nicht zu warm halten. Bei Frost Pflanzen ins Haus holen oder abdecken.

Gelbe Narzissenschale

Frisch-fröhlich und gar nicht langweilig – Ton-in-Ton- oder Uni-Gestaltungen.
Pflanzen für Schale mit 30 cm Durchmesser:
4 Töpfe mit Alpenveilchen-Narzissen, *Narcissus cyclamineus* 'Tête à tête' (pro Topf 4 – 5 Zwiebeln)
Einpflanzen und pflegen:
Blumen nach dem Einpflanzen nur mäßig gießen und halbschattig aufstellen, dann blühen sie länger. Nach 1 Woche düngen, nach dem Abblühen in den Garten auspflanzen und noch einmal düngen. Laub erst entfernen, wenn es vergilbt ist.
Mein Tip: Besonders anmutig machen sich im Gefäß kleine Wildnarzissen oder kleinblütige Steingartennarzissen.
Warnung: Narzissenzwiebeln sind giftig.

Violette Osterschale.

Sonnengelbe Narzissen.

Bunter Frühlingskasten für vollsonnige Standorte.

Bunter Frühlingskasten

Blüten bis in den Frühsommer hinein.
Pflanzen für 60 cm-Kasten:
3 Goldlack-Pflanzen, *Cheiranthus cheiri*
2 Maßliebchen, *Bellis perennis*
3 Vergißmeinnicht, *Myosotis*-Hybride
2 Tulpen, *Tulipa*-Hybride
Einpflanzen und pflegen:
Die blühenden Pflanzen im Frühjahr kaufen und wie folgt im Kasten anordnen: Goldlack seitlich und in den mittleren Hintergrund setzen. In den Hintergrund daneben sowie genau in die Mitte des Kastens eine hohe Tulpe geben. Vergißmeinnicht und Maßliebchen in Gruppen rechts und links einpflanzen und zwar so, daß jeweils eine Pflanze schräg über den vorderen Kastenrand geneigt ist. Bepflanzung sonnig bis halbschattig aufstellen. Regelmäßig gießen sowie wöchentlich einmal düngen. Verblühtes ausschneiden. Goldlack, Maßliebchen und Vergißmeinnicht können nach der Blüte herausgenommen und durch Sommerblumen wie Pelargonien, Heliotrop, Margeriten, Petunien oder Verbenen ersetzt werden.

Frühlings-Ideen

Der gelbe Winterjasmin blüht bereits ab Januar.

Reizvolle Anregungen, ausgefallene Arrangements vom Vorfühling bis in den Frühsommer hinein.

Erste Blüten – ganz in Gelb

Wildhafte, immergrüne Dauerbepflanzung für halbschattige Standorte.
Pflanzen für 60 cm-Kasten:
1 Winterjasmin,
Jasminum nudiflorum
3 Dickantheren,
Pachysandra terminalis
3 Strauchefeu,
Hedera helix 'Arborescens'
1 Topf Trompetennarzissen,
Narcissus pseudonarcissus
Einpflanzen und pflegen:
Frostsicheres Gefäß wählen! In den Hintergrund seitlich die Narzissen, auf die andere Seite vorne den Jasmin, dazwischen abwechselnd Dickanthere und Efeu einpflanzen. Alles gut feucht halten und im Sommer wöchentlich düngen. Mit Schutz im Freien überwintern und an frostfreien Tagen gießen.

Naschkasten für Kinder

Lustige Blütengesichtchen und leckerer Gaumenschmaus.
Pflanzen für 60 cm-Kasten:
12 Stiefmütterchen,
Viola-Wittrockiana-Hybriden 'Rokoko-Mischung'
6 Walderdbeer-Pflanzen,
Fragaria vesca
Einpflanzen und pflegen:
Frostsicheres Gefäß wählen! Im September bereits Pflanzen kaufen, gemischt einsetzen und gut angießen. Kasten sonnig-hell aufstellen, ab Frostbeginn mit Fichtenreisig schützen. Auch im Winter feucht halten. Ab März Schutz entfernen, die Stiefmütterchen zeigen jetzt schon Blüten. Ab Mai alle 2 Wochen düngen. Bei guter Pflege gibt es bis in den Herbst hinein Beeren zu naschen. Sind die Erdbeeren zu starkwüchsig, einfach mit der Schere Blätter abschneiden. Sie wachsen wieder nach.
Mein Tip: Wer's im Herbst versäumt hat, kann die Pflanzen auch erst im Frühling einsetzen. Die Erdbeeren fruchten dann aber eventuell weniger früh.

Liebenswert und nostalgisch – Stiefmütterchen und Walderdbeeren.

Im Nu gepflanzt – das ganze Frühlingsblumensortiment.

Blauer Kasten mit Tulpen

Im Herbst pflanzen, im Frühling genießen.
Pflanzen für 60 cm-Kasten:
6 verschiedenfarbige Goldlack-Pflanzen, *Cheiranthus cheiri*
5 Tulpenzwiebeln, *Tulipa* 'Queen of Night'
1 Tulpenzwiebel, *Tulipa* 'Black Parrot'
Einpflanzen und pflegen: Frostsicheres Gefäß wählen! Goldlack-Pflanzen und Tulpenzwiebeln im September einsetzen, die Zwiebeln etwa 5 cm tief und in zwei Gruppen in den Hintergrund. Kasten im Freien mit Schutz überwintern. An frostfreien Tagen mäßig gießen. Nach Austrieb im Frühjahr windgeschützt aufstellen und wöchentlich düngen.
Mein Tip: Eternitkästen sind frostbeständig und lassen sich in allen Farben lackieren.

Kunterbunte Frühlingsschale

Die beliebtesten Frühlingsblüher sind hier versammelt.
Pflanzen für Schale mit 30 cm Durchmesser:
2 Töpfe rote Wildtulpen (pro Topf 3 Zwiebeln), *Tulipa praestans* 'Füsilier'
1 Topf blaue Hyazinthen (pro Topf 3 Zwiebeln), *Hyacinthus orientalis* 'Bismarck'
2 Töpfe Traubenhyazinthen (pro Topf 5 Zwiebeln), *Muscari aucheri*
1 Topf gelbe Krokusse (pro Topf 3 – 5 Zwiebeln), *Crocus chrysanthus*
2 Töpfe Schneeglöckchen (pro Topf 3 – 5 Zwiebeln), *Galanthus nivalis*
Einpflanzen und pflegen: Die blühenden Pflanzen im Frühjahr kaufen und einpflanzen. Frostsicher und halbschattig im Zimmer oder auf dem Balkon aufstellen. Nach dem Abblühen muß die Schale neu bepflanzt werden.
Mein Tip: Wer möchte, besorgt die Zwiebeln im Herbst und steckt sie eng aneinandergelegt so tief wie sie jeweils hoch sind. Die frostsichere Schale auf dem Balkon mit Fichtenreisig, Stroh oder Holzwolle geschützt aufstellen und an frostfreien Tagen gießen. Sobald sich die ersten Spitzen zeigen, abdecken. So überwintert kann sie das ganze Frühjahr über im Freien bleiben.

Schwarzviolette Tulpen und bunter Goldlack.

Sommer-Ideen Tips und Beispiele

Der Sommer beginnt für den Balkongärtner mit den sogenannten »Eisheiligen« (12. bis 15. Mai). Sie sind vielerorts die Stichtage, nach denen mit der Anpflanzung frostempfindlicher Balkonblumen im Freien begonnen werden kann. In milden Weinbaugegenden oder Städten ist dies natürlich schon früher möglich.

Das größte Angebot an Balkonpflanzen für den Sommer finden Sie meist schon ab Mitte April auf Märkten, in Gartencentern und Gärtnereien. Bestellungen von Samen oder Pflanzen seltener, ganz spezieller Balkonblumen sollten Sie möglichst sofort nach Erhalt der aktuellen Kataloge oder Pflanzenlisten aufgeben. Meist ist nur eine kleine Menge verfügbar und daher bald vergriffen. Bei Bestellung während der Hauptsaison kann es auch vorkommen, daß die Versandabteilung dieser Firmen überlastet ist und Sie Ihre Samen und Pflanzen viel zu spät erhalten.

Anregungen

Je nachdem, welche Pflanzen Sie auswählen und wie Sie sie plazieren, lassen sich aus grauen Betonwüsten grüne Oasen, aus offenen Balkonen intime, lauschige Plätzchen oder kleine Gärten für Beeren und Gemüse hervorzaubern.

Hochstämmchen als Blickpunkt. Als Hochstämmchen gezogene Balkon- und Kübelpflanzen sind ein dekorativer und nostalgischer Schmuck für jeden Balkon. Zur Kugel auf einem Stämmchen geschnitten oder als aufgelockerte Blütenpyramide sind Vanilleblume, Margeriten, Pelargonien, Wandelröschen, Lorbeer und viele andere Pflanzen die ideale Lösung, sich an Blüten nicht nur auf einer Ebene, sondern in verschiedenen Perspektiven zu erfreuen. Wichtig bei Hochstämmchen: eine zierlich den Gefäßrand umspielende Unterpflanzung, wie zum Beispiel durch Steinkraut (*Lobularia maritima*), Lobelien (*Lobelia erinus*), Blaues Gänseblümchen (*Brachyscome iberidifolia*) oder Verbenen (*Verbena*-Hybriden) und die Möglichkeit, die nicht immer preiswerten Pflanzen angemessen zu überwintern. Der Vorteil: Mit einem Hochstämmchen läßt sich zum Beispiel die Ecke eines kleinen Balkons oben und unten mit Blüten ausstaffieren.

Spaliere, Regale oder Blumentreppen. Damit Sie möglichst viele Pflanzen auf dem begrenzten Balkonraum unterbringen, sollten Sie sich frühzeitig eine geschickte Aufstellung der Pflanzgefäße überlegen. Der Fachhandel bietet dazu viele Hilfsmittel:

- Spaliere und Rankgitter an einer Wand als Kletterhilfen;
- platzsparende Wandregale aus verschiedenen Materialien;
- im Fachhandel erhältliche Blumentreppen, zum dekorativen Aufstellen von Kästen und Töpfen;
- Blumentopfhalter zum Einhängen in Spaliere oder Balkongitter (→ Zeichnung 7, Seite 15);
- Hängeampeln, wodurch die Decke oder der Vorsprung eines Balkons zur Begrünung genutzt werden (→ Zeichnung 1, Seite 14).

Sichtschutz mit Rankpflanzen. Wer ein Balkongitter sein eigen nennt, hat die herrliche Möglichkeit, es beranken zu lassen. Stellen Sie am Fuß des Gitters geräumige Gefäße für Rankpflanzen auf. Trichterwinde, Schwarzäugige Susanne, Glockenrebe, Wicken und Kapuzinerkresse sind rasche Kletterer, die innerhalb eines Sommers einen schnellen Sichtschutz zum Nachbarn bieten. Eine solche Umgrünung hält außerdem Straßenstaub fern und schafft ein günstiges Kleinklima.

Beeren, Kräuter und Gemüse. Ein kleines Paradies zum Naschen läßt sich auf jedem Balkon schaffen, der viel Sonne erhält. Ein Balkonkasten allein bietet bis zu 6 verschiedenen Kräutern Platz. Erdbeeren lassen sich in Kästen oder sogar Ampeln ziehen, Hochstämmchen von Johannis- oder Stachelbeeren fruchten in Kübeln von 30 cm Durchmesser.

Salat, Cocktail-Tomaten Radieschen und vielen anderen genügt ein Balkonkasten als Heimat. Zum Beispiel Feuerbohnen: Legen Sie nach den »Eisheiligen« die Samen zum Aufquellen über Nacht in lauwarmes Wasser und pflanzen Sie sie am nächsten Tag aus. Mit ihren roten Blüten sind Feuerbohnen eine reizvolle und preiswerte Begrünung.

Balkon in elegantem Weiß mit Tuberosen, Rosen, Pelargonien und Margeriten (von links nach rechts).

Gelb-roter Sommerkasten

(→ Foto, Seite 16/17)
Treffpunkt bunter Sommerblumen. Pelargonien einmal nicht in Hülle und Fülle, sondern als fröhlicher Farbtupfer.
Pflanzen für 60 cm-Kasten:
2 Sonnenhut-Pflanzen, *Rudbeckia hirta*
2 Ringelblumen, *Calendula officinalis*
1 rote Stehpelargonie, *Pelargonium*-Zonale-Hybride 'Bundeskanzler'
2 dunkelblaue Petunien, *Petunia*-Hybriden
2 Blaue Mauritius, *Convolvulus sabatius*
Einpflanzen und pflegen:
Blumen im Mai kaufen und Kasten gestalten: Hängende Pflanzen (Blaue Mauritius, Petunien) in die Mitte und leicht über den Kastenrand geneigt nach vorne einsetzen. Pelargonie als Farbakzent in die Mitte pflanzen, den höher wachsenden Sonnenhut und die Ringelblumen gemischt auf den Hintergrund und an den Rand verteilen. Den Kasten nach den Eisheiligen ins Freie bringen und sonnig bis halbschattig aufstellen. Täglich gießen und nach 3 Wochen wöchentlich düngen.

Dünge-Tip

Balkonblumen brauchen, um schnell prächtige Blüten zu entwickeln, viele Nährstoffe. Deshalb finden Sie bei allen Bepflanzungsvorschlägen (soweit nötig) auch Düngeempfehlungen. Beginnen Sie mit dem Düngen aber grundsätzlich erst 3 bis 4 Wochen nach dem Einpflanzen, denn die gekauften Pflanzerden sind bereits vorgedüngt.

Sommer-Ideen

Bepflanzungsvorschläge mit Pelargonien von verspielt bis rustikal. Die volkstümlich Geranien genannten Lieblingskinder aller Balkongärtner sind farbenprächtig, unermüdlich im Blühen, robust und gestaltungsfreudig. Es gibt sie stehend, halbhängend sowie hängend – und sogar als Hochstämmchen.

Pelargonien mit Kapuzinerkresse

Ein Gruß aus dem Bauerngarten mit Pflanzen, die schnell üppig wuchern.
Pflanzen für 60 cm-Kasten:
1 purpurrote Stehpelargonie, *Pelargonium*-Zonale-Hybride 'Kardinal'
2 pinkfarbene Hängepelargonien, Cascade-Sorten
2 Töpfe niedrige Kapuzinerkresse (oder Samen) *Tropaeolum*-Hybride
Einpflanzen und pflegen: Die purpurrote 'Kardinal' in den linken Hintergrund, die Hängepelargonien in die vordere Mitte und schräg über den rechten Gefäßrand geneigt einsetzen. Die Cascade-Sorten bilden sehr schnell lange Triebe. Zwischen alle 3 Pelargonien die Kapuzinerkresse pflanzen. Alternative: Jeweils 5 Samenkörner zwischen die Pelargonien stecken, nach dem Austrieb auf jeweils 2 Keimlinge vereinzeln. Standort vollsonnig, regengeschützt. Täglich reichlich gießen und nach 4 Wochen wöchentlich düngen. Die Pelargonien können frostsicher überwintert und im nächsten Jahr wieder mit Einjährigen vergesellschaftet werden.

Pelargonien-Hochstämmchen

Eine Anschaffung für viele Jahre mit wechselnder Unterpflanzung.
Pflanzen für Kübel mit 35 cm Durchmesser:
1 Pelargonien-Hochstämmchen, *Pelargonium*-Hybride
4 Schönkopf-Pflanzen, *Calocephalus brownii*
Einpflanzen und pflegen: Hochstämmchen von Unterpflanzung umringt in den Kübel setzen, vollsonnig aber regengeschützt aufstellen und gut angießen. Täglich gießen und wöchentlich düngen. Vor Frostbeginn einräumen.

Pelargonien und knackig frische Kapuzinerkresse.

Pelargonien-Hochstämmchen mit Unterpflanzung.

Pelargonien unter sich – rot-weiße Ampel.

Pelargonien-Ampel in Rot-Weiß

Blüherfolg garantiert von Mai bis Frostbeginn – und das bei richtiger Überwinterung viele Jahre lang.
Pflanzen für Ampel mit 30 cm Durchmesser:
1 weiße Hängepelargonie, *Pelargonium*-Peltatum-Hybride
2 Hängepelargonien, 1 rote, 1 rot-weiße Sorte (zum Beispiel 'Mexikanerin' oder 'Rio'), *Pelargonium*-Peltatum-Hybriden
Einpflanzen und pflegen:
Pelargonien locker verteilt in das Gefäß setzen und gut angießen. Eine dichtere Bepflanzung ist nicht empfehlenswert, weil sich sonst im Lauf des Sommers die Pflanzen weniger kräftig und üppig entwikkeln können. Ampel in rauhen Gegenden erst nach den Eisheiligen ins Freie bringen. Täglich gut gießen, Verblühtes ausbrechen und wöchentlich düngen. An sehr heißen Tagen die ganze Ampel einmal wöchentlich ins Tauchbad geben. Danach gut abtropfen lassen, denn Pelargonien vertragen keine Staunässe. Vor Frostbeginn die längsten Triebe etwas kürzen und Ampel einräumen.
Mein Tip: Wählen Sie für Ampeln nicht die für Balkonbepflanzungen so beliebten Cascade-Hybriden. Sie bilden sehr lange Triebe (bis zu 1,2 m) und einen ganz gleichmäßigen Flor. Hübscher wirken in Ampeln Sorten mit Blüten, deren große Dolden deutlich zu unterscheiden sind.

Pelargonien mit blauen Kornblumen

Verspieltes Arrangement für einen sonnigen aber windgeschützten Standort.
Pflanzen für 60 cm-Kasten:
2 rote Steh-Pelargonien, *Pelargonium*-Zonale-Hybriden
2 rote Steh-Pelargonien mit weiß-geränderten Blättern, *Pelargonium*-Zonale-Hybriden
2 niedrige Margeriten, *Chrysanthemum frutescens*
2 Kornblumen, *Centaurea cyanus*
Einpflanzen und pflegen:
Die Blumen im Mai kaufen, Pelargonien und Margeriten abwechselnd in den Kasten setzen. Die vorderen leicht über den Rand geneigt pflanzen. In den Hintergrund die Kornblumen bringen. Sind sie noch klein, müssen Pelargonien und Margeriten gelegentlich gestutzt werden, damit sie die Kornblumen nicht erdrücken. Besser: Von den Kornblumen kräftige Pflanzen kaufen. Kasten sonnig bis halbschattig und windgeschützt aufstellen, reichlich gießen und nach 4 Wochen wöchentlich düngen. Vor Frostbeginn einräumen, dabei die einjährigen Kornblumen abschneiden, sie werden im nächsten Jahr durch neue oder andere Einjährige ersetzt.
Mein Tip: Verwelkte Blüten regelmäßig abzwicken. Dies regt zur Bildung von neuen an.

Pelargonien mit Kornblumen und Margeriten.

Sommer-Ideen

Altbekannte in neuer Gesellschaft. Beliebte Balkonblumen mit überschäumender Blütenfülle und einem Hauch aus Großmutters Zeiten.

Schattenkasten mit Begonien

Blüten über Blüten auch am halbschattigen bis schattigen Standort versprechen Knollenbegonien und Fleißige Lieschen.
Pflanzen für 60 cm-Kasten:
4 Knollenbegonien (2 rote, 1 orangefarbene, 1 gelbe), *Begonia*-Knollenbegonien-Hybriden
3 Fleißige Lieschen, *Impatiens walleriana* (hier die weiß-rote Sorte 'Belizzy Rotstern')
Einpflanzen und pflegen:
Blumen Mitte Mai kaufen und einpflanzen. Die zweifarbigen Fleißigen Lieschen lockern die schwere Fülle der großblütigen Begonien etwas auf. Die gelbe Knollenbegonie in die Mitte des Kastens, leicht schräg über den Rand geneigt einsetzen, die anderen Blumen gemischt um sie herumgruppieren. Kasten windgeschützt und halbschattig bis schattig aufstellen, gut angießen. Reichlich gießen, aber Staunässe vermeiden. 3 Wochen nach dem Einpflanzen wöchentlich düngen. Die Begonienknollen können, wenn sie groß genug sind, überwintert werden. Nach dem ersten Frost Pflanze bis 3 cm über der Knolle abschneiden. Knollen behutsam von Erde befreien und bis zum Antreiben (Februar/März) luftig und trocken bei 5–10°C lagern. Danach in feuchtes Substrat betten und hell und warm antreiben. Fleißige Lieschen nicht überwintern.

Schwarzäugige Susanne

Goldene Blütengesichtchen.
Pflanzen für Kübel mit 35 cm Durchmesser:
4 Pflanzen der Schwarzäugigen Susanne, *Thunbergia alata*
Einpflanzen und pflegen:
Vor dem Bepflanzen (ab Mai) 2 – 3 Bambusstäbe zeltförmig als Kletterhilfen ins Substrat stecken und oben zusammenbinden. Blumen einsetzen und 3 hochziehen, eine zum Umranken des Kübels vorsehen. Sonnig und windgeschützt aufstellen, reichlich gießen und wöchentlich düngen.

Begonien und Fleißige Lieschen – vorwiegend rot.

Die Schwarzäugige Susanne blüht und klettert freudig.

Kühle Töne bei Petunien und Fleißigen Lieschen.

Petunien und intensives Pink

Unermüdliche Dauerblüher, die auch im lichten Schatten verschwenderisch blühen – mit großem Durst und regenempfindlichen Blüten.

Pflanzen für 60 cm-Kasten:
3 pinkfarbene Fleißige Lieschen, *Impatiens*-Neuguinea-Hybriden
2 violette Petunien, *Petunia*-Hybriden
2 Duftpelargonien (hier Arten mit Kieferndufт), *Pelargonium fragrans*

Einpflanzen und pflegen:
Die Duftpelargonien zu beiden Seiten des Kastens, leicht schräg über den Rand geneigt einpflanzen. Petunien und ein Fleißiges Lieschen in den Hintergrund bringen, die beiden anderen *Impatiens* im Vordergrund einsetzen. Kasten halbschattig und regengeschützt aufstellen, gut angießen. Täglich reichlich gießen und nach 3 Wochen wöchentlich zu düngen beginnen. Regelmäßig die verblühten Petunien auszupfen.

Mein Tip: Nehmen Sie diesen Kasten rechtzeitig vor den ersten Herbstfrösten ins Zimmer und entfernen Sie die Petunien. Duftgeranien und Fleißige Lieschen sind schöne Zimmerpflanzen während des Winters, an einem kühlen und hellen Fenster.

Warnung: Petunien gehören zu den giftigen Nachtschattengewächsen.

Wandelröschen im Kasten

Allerliebst und etwas rustikal – Blaues Gänseblümchen und Wandelröschen Kopf an Kopf. Ihre Komplementärfarben gelb und violett bringen sich gegenseitig zum Leuchten.

Pflanzen für 60 cm-Kasten:
1 Blaues Gänseblümchen, *Brachyscome iberidifolia*
1 gelbes Wandelröschen, *Lantana*-Camara-Hybride
1 Hornveilchen, *Viola cornuta*
1 Pflänzchen Boretsch (oder Samen), *Borago officinalis*

Einpflanzen und pflegen:
Das Hornveilchen an die eine Seite des Kastens, das Blaue Gänseblümchen an die andere Seite setzen. Dazwischen das Wandelröschen etwas schräg nach vorn über den Kastenrand geneigt einpflanzen. Hinter ihm den Boretsch plazieren. Den Kasten vollsonnig aufstellen und gut angießen. Mäßig gießen und 3 Wochen nach dem Einpflanzen alle 2 Wochen düngen. Allzu sparrige Triebe des Wandelröschens nach Belieben zurückschneiden. Beim Gänseblümchen regelmäßig Verblühtes entfernen. Der einjährige Boretsch kann nicht überwintert werden. Gänseblümchen, Wandelröschen und Hornveilchen können hell und fast trocken bei 6 bis 10 °C über den Winter gebracht werden.

Warnung: Das Wandelröschen ist in allen Teilen giftig.

Blaues Gänseblümchen und Wandelröschen.

Sommer-Ideen

Bunte Blütenträume für einen ganzen langen Sommer.

Ton-in-Ton Komposition in Gold

Blüten von Juli bis Oktober. Nostalgische Gartenblumen wie Montbretien und Tagetes lassen sich problemlos auch auf dem Balkon ansiedeln.
Pflanzen für 60 cm-Kasten:
20 Montbretien Zwiebeln, *Crocosmia*-Hybriden
3 kleinblütige ungefüllte, braun-orangefarbene Studentenblumen, *Tagetes tenuifolia*
3 gefüllte, niedere, gelbe Studentenblumen, *Tagetes patula*

Einpflanzen und pflegen:
Anfang Mai Zwiebeln und Pflanzen besorgen. In den Hintergrund die Zwiebeln etwa 8 cm tief stecken, in den Vordergrund abwechselnd dunkel- und hellblütige Tagetes pflanzen. Kasten sonnig und windgeschützt (die Montbretien werden bis zu 60 cm hoch) aufstellen, regelmäßig gießen und wöchentlich düngen. Die Studentenblumen sind einjährig, Montbretien können jedoch wie Gladiolen herausgenommen und trocken in Torf gebettet überwintert werden.
Mein Tip: Achten Sie bei Ton-in-Ton-Gestaltungen darauf, daß auch das Pflanzgefäß farblich paßt.

Harmonie in Gold – Tagetes und Montbretien.

Blaue Mauritius, Kapaster und bunter Elfenspiegel.

Ampel mit zierlichen Blüten

Noch nicht so heimisch auf jedem Balkon, aber strahlend blühend den ganzen Sommer – und echte Kinder der Sonne.
Pflanzen für Ampel mit 30 cm Durchmesser:
1 Blaue Mauritius, *Convolvulus sabatius*
3 Elfenspiegel, *Nemesia*-Hybriden
1 Kapaster, *Felicia amelloides*

Einpflanzen und pflegen:
Die strauchig wachsende Kapaster in den Hintergrund, Blaue Mauritius und Elfenspiegel in den Vordergrund schräg über den vorderen Kastenrand geneigt einpflanzen. Gut angießen und hell aufhängen. Wöchentlich düngen, ein Rückschnitt verblühter Triebe den ganzen Sommer über führt zu besserer Verzweigung und fördert die Nachblüte. Überwinterung ist möglich (außer Elfenspiegel).

Fuchsienkasten in Rottönen

Ein Glockenspiel im Blumenkasten. Fuchsien blühen überreich das ganze Jahr über – und am liebsten am halbschattigen Standort.
Pflanzen für 60 cm-Kasten:
3 stehende Fuchsien, *Fuchsia*-Hybriden
3 halbhängende oder hängende Fuchsien, *Fuchsia*-Hybriden
Einpflanzen und pflegen:
In den Hintergrund die stehenden Sorten, in den Vordergrund schräg über den Kastenrand geneigt, die halbhängenden oder hängenden Fuchsien einpflanzen. Gut angießen, schattig bis halbschattig aufstellen und wöchentlich düngen. Abgeblühtes regelmäßig entfernen. Vor Frostbeginn Kasten einräumen und frostfrei überwintern.
Mein Tip: Fuchsien blühen in allen Rottönen, die einzige Farbe, die ihnen noch Gesellschaft leistet, ist weiß. Achten Sie schon beim Kauf der Pflanzen darauf, daß Sie pastell-, aber auch dunkelfarbene, gefüllte und ungefüllte Sorten wählen. So wird der Kasten lebendiger und kontrastreicher.

Eleganter Kasten in Violett und Gelb

Aparte Farbakzente, klassischer Aufbau, zarter Vanilleduft und Blüten in Hülle und Fülle. Einjähriger Sommerkasten für einen sonnigen Standort.
Pflanzen für 60 cm-Kasten:
1 Salbei, *Salvia farinacea*
2 Vanilleblumen, *Heliotropium arborescens*
3 Pantoffelblumen, *Calceolaria integrifolia*
Einpflanzen und pflegen:
Pflanzen im Mai kaufen. An den Rand und eher nach vorne, jeweils über den Kastenrand geneigt, die Pantoffelblumen, in die Mitte und mehr nach hinten die Vanilleblumen, ganz nach hinten (als höchste Pflanze) den Salbei setzen. Kasten vollsonnig und regengeschützt aufstellen, gut angießen. Täglich reichlich gießen und nach 3 Wochen wöchentlich düngen. Verblühtes regelmäßig ausschneiden. Es ist nicht empfehlenswert den Kasten zu überwintern: Die Pantoffelblumen sind einjährig und müßten zum Überwintern abgeschnitten werden. Vanilleblumen sind zwar mehrjährig, wachsen aber im zweiten Jahr bei weitem nicht mehr so kompakt und sind heikel beim Überwintern (hell bei 12 bis 15 °C). Der genannte Salbei ist eine Staude, die, weil nicht winterhart nur einjährig kultiviert wird.
Warnung: Vanilleblumen sind giftig.

Fuchsien in allen Rottönen.

Üppig und blühfreudig – Vanille- und Pantoffelblumen.

Sommer-Ideen

Aparte Raritäten für Liebhaber – und alles mit erlesenem Duft.

Schmuck-Kräuterkasten

Feiner Duft und Frisches für die Küche.
Pflanzen für 60 cm-Kasten:
2 Husarenknöpfchen,
Sanvitalia procumbens
1 Heiligenkraut,
Santolina chamaecyparissus
1 Rosmarin,
Rosmarinus officinalis
1 buntblättriger Salbei,
Salvia officinalis 'Tricolor'
1 Lavendel,
Lavandula angustifolia
1 Spanisches Gänseblümchen,
Erigeron karvinskianus
2–4 Sonnenblumenkerne,
Helianthus annuus
Einpflanzen und pflegen:
Husarenknöpfchen rechts und links, Lavendel und Rosmarin hinten plazieren. Heiligenkraut, Salbei und Spanisches Gänseblümchen in den Vordergrund pflanzen. Die Sonnenblumenkerne dazwischenstecken. Angießen, vollsonnig und windgeschützt aufstellen, alle 14 Tage düngen. Der Kasten kann hell und kühl oder mit Schutz im Freien überwintert werden. Husarenknöpfchen, Sonnenblumen und Spanisches Gänseblümchen sind jedoch nur einjährig und müssen im Folgejahr ersetzt werden.

Citrus-Bäumchen mit Lavendel

Mediterranes Flair für den vollsonnigen Balkon.
Pflanzen für Kübel mit 50 cm Durchmesser:
1 Orangenbäumchen,
x *Citrofortunella mitis*
2 Lavendel,
Lavandula angustifolia
Einpflanzen und pflegen:
Einheitserde mit Quarzsand vermischen. Hochstämmchen und Lavendel einpflanzen. Nur mit weichem Wasser gießen und wöchentlich düngen.
Vor Frostbeginn Lavendel etwas stutzen, Kübel hell und fast trocken bei 12 bis 16°C überwintern.

Kräuterduft und kleine Blüten in Hülle und Fülle.

Orangenbäumchen mit blauem Lavendel.

Weiße Tuberosen, Reseden und andere Duftpflanzen.

Duftkasten mit Tuberosen

Ein Erlebnis für Auge und Nase, für Tag und Nacht. Tuberosen, Vanilleblumen und Reseden duften abends besonders intensiv.
<u>Pflanzen für 60 cm-Kasten:</u>
1 Lavendel,
Lavandula angustifolia
1 Basilikum,
Ocimum basilicum
2 Duftende Reseden,
Reseda odorata
1 Vanilleblume,
Heliotropium arborescens
1 Duftpelargonie (hier Sorte mit weißbunten Blättern und Pfefferminz-Duft),
Pelargonium fragrans
3 Knollen Tuberosen,
Polianthes tuberosa
<u>Einpflanzen und pflegen:</u>
Tuberosen-Knollen im März vorziehen. Dazu mit Erde bedeckt eintopfen, frostfrei, hell und trocken halten. Erst gießen, wenn sich Triebspitzen zeigen. Alle Pflanzen ab Mitte Mai einsetzen. An eine Seite Tuberosen, Reseden und Heliotrop, an die andere Lavendel und Basilikum, dazwischen die Duftpelargonie pflanzen. Kasten sonnig aufstellen, gut gießen, nach 4 Wochen wöchentlich düngen. Duftpelargonien und Heliotrop können warm im Haus, Lavendel mit Winterschutz im Freien überwintern. Die andern Pflanzen halten im Kasten nur 1 Jahr.
Warnung: Vanilleblumen sind giftig.

Bunter Nachtschattenkasten

Familientreffen der Nachtschattengewächse. Eine botanische Sammlung für Liebhaber.
<u>Pflanzen für 60 cm-Kasten:</u>
1 rosa Ziertabak,
Nicotiana x sanderae
1 roter Ziertabak,
Nicotiana alata
1 Tabak mit hellgrünen Glöckchen,
Nicotiana langsdorffii
1 weiße Nierembergie,
Nierembergia hippomanica
5 bunte Trompetenzungen,
Salpiglossis sinuata
1 Kartoffelknolle,
Solanum tuberosum
<u>Einpflanzen und pflegen:</u>
Von diesen selteneren Sommerblumen ist nur der Ziertabak als Pflanze erhältlich. Die anderen müssen aus Samen im April gezogen werden. Bepflanzung ab Mitte Mai vornehmen. Dabei den gelbgrünen Glöckchentabak auf eine Seite in den Hintergrund setzen, die Kartoffel als Gegengewicht auf die andere Seite etwa 5 cm tief stecken. Die Nierembergie schräg über den Kastenrand geneigt in den Vordergrund pflanzen und alle anderen Tabakarten dazwischen verteilen. Kasten sonnig bis halbschattig und windgeschützt aufstellen, gut angießen und gleichmäßig feucht halten. Nach 14 Tagen wöchentlich düngen.
Die einjährigen Pflanzen können nicht überwintert werden.
Warnung: Die Pflanzen sind in allen Teilen giftig.

Die Familie der Nachtschattengewächse läßt grüßen.

Herbstideen
Tips und Anregungen

An warmen, milden Herbsttagen können Sie Ihren Balkon noch einmal richtig genießen: die knallroten Früchte, die goldorange leuchtenden Blätter und die vielfältigen Violett-Töne der Herbstastern. Denken Sie schon beim Einkauf im Frühjahr daran, Pflanzen mit reizvoller Herbstfärbung und leuchtendem Beerenschmuck zu wählen.

Der schnelle Herbstschmuck

Jetzt bieten Gärtnereien mit ihrem herbstlichen Pflanzensortiment noch einmal vielfältige Möglichkeiten, um einen schnellen Blütenschmuck auf den Balkon zu holen. Die meisten dieser Pflanzen sind ab Ende August im Handel, halten geringe Minusgrade aus und blühen bis in den Spätherbst hinein:

- Strauchveronika in Weiß, Weinrot und Violett, *Hebe* x Andersonii-Hybriden
- Chrysanthemen in Weiß-, Gelb-, Gold-, Bronze-, Rosé- und Violett-Tönen, *Chrysanthemum*-Indicum-Hybriden
- Sommerastern in Weiß, Rosé, Violett und Blau, *Callistephus chinensis*
- Winterheide in Weiß und Rot, *Erica gracilis*
- Schneeheide in Weiß und Rosaviolett, *Erica herbacea*
- Herbstastern in verschiedenen Arten sowie Weiß-, Rosé-, Rot- und Blau-Tönen, *Aster dumosus, Aster amellus, Aster novae-angliae*
- Kreuzkraut mit silberfarbenen Blättern, *Senecio bicolor*
- Schönkopf mit einem feinen Gespinst aus grauen Zweigen, *Calocephalus brownii*

Schöne Früchte, bunte Blätter

Zahlreiche winterharte Gehölze eignen sich gut für die Kultur in Kübeln oder Trögen. Wem an einem prächtigen Herbstbalkon gelegen ist, sollte Arten und Sorten mit einer schönen Herbstfärbung oder mit Beerenschmuck bevorzugen. Am besten über den Winter bringen Sie diese Gehölze, wenn Sie sie bereits im Frühjahr kaufen und einpflanzen. Dann wurzeln sie während des Sommers gut ein und zeigen schon im gleichen Herbst Beeren oder ein farbiges Kleid. Nehmen Sie für solche Pflanzungen immer frostsichere, geräumige Gefäße, denn die Gehölze halten viele Jahre und bieten – mit blühenden Saisonblumen unterpflanzt – das ganze Jahr über ein schönes Bild.

<u>Gehölze mit dekorativen Früchten:</u>

- Apfelrose, *Rosa rugosa* 'Frau Dagmar Hastrup'; einfache rosa Blüten, im Herbst große rote Hagebutten.
- Feuerdorn, *Pyracantha coccinea* 'Orange Charmer'; weiße Blütenbüschel, im Herbst orangefarbene Beeren in Trauben.
- Mispel, *Cotoneaster*; alle Arten dieser Gattung tragen im Herbst rote Beeren. Mispel-Arten werden zwischen 20 cm und 3 m hoch.

Mein Tip: Immer häufiger bieten Gärtnereien im Herbst fürs schnelle Bepflanzen die Torfmyrte (*Pernettya mucronata*) an. Der hübsche immergrüne Strauch mit roten Beerentrauben ist jedoch nicht frosthart und braucht einen Winterschutz.

<u>Gehölze mit schöner Herbstfärbung:</u>

- Kupfer-Felsenbirne, *Amelanchier lamarckii*; orange-rote Herbstfärbung, eßbare Früchte.
- Essigbaum, *Rhus typhina*; leuchtend orange bis rote Herbstfärbung, kerzenartige Früchte in Purpur.
- Immergrüne Kriechspindel, *Euonymus fortunei*-Sorten; niedere, auch kletternde Zwergsträucher in Purpur bis Rosa.

Vorbereitungen im Herbst

Nehmen Sie von einjährigen Sommerblumen die Samen ab. Sie werden in Papiertüten warm, trocken und dunkel gelagert. Frühjahrsblühende Zwiebelblumen werden jetzt gekauft und gepflanzt (→ Seite 22). Im Herbst ist auch Pflanzzeit für zweijährige Frühjahrsblüher wie Vergißmeinnicht, Goldlack und Stiefmütterchen. Im Herbst die Jungpflanzen einsetzen und mit Schutz überwintern.

<u>*Rotgoldener Herbst.*</u> *In warmes Herbstlicht getaucht sind Erika, Herbstzeitlosen (links), Strauchveronika und Torfmyrte (in der Schale), Federborstengras und gestalteter Buchsbaum (rechts).* ▷

Herbst-Ideen

Hinreißende Gestaltungsvorschläge für schnelle Herbstbepflanzungen.

Asternkasten in Pink

Verschiedene Pink-Violetttöne, große und kleine Blüten im Wettstreit.
Pflanzen für 60 cm-Kasten:
6 rosa und violettfarbene Sommerastern,
Callistephus chinensis
4 pinkfarbene Kissenastern,
Aster-Dumosus-Hybriden
Einpflanzen und pflegen:
Die Pflanzen sind ab August/September zu kaufen. Große und kleine Blüten abwechselnd in den Kasten setzen, die vorderen Blumen leicht über den Kastenrand geneigt. Darauf achten, daß der Umriß der Pflanzung geschlossen und gleichmäßig ist. Die Blumen vertragen Sonne wie Schatten. Gut angießen und immer leicht feucht halten. Die großblütigen Sommerastern sind einjährig und werden nicht überwintert, die kleinblütigen Kissenastern sind Stauden und können in den Garten ausgepflanzt werden.

Mädchenauge und Sonnenhut

Ist Ihre Lieblingsfarbe Gelb? Hier eine langjährige Bepflanzung mit winterharten Stauden.
Pflanzen für Kübel mit 50 cm Durchmesser:
1 Sonnenhut,
Rudbeckia fulgida var. sullivantii 'Goldsturm'
1 Mädchenauge,
Coreopsis grandiflora 'Early Sunrise'
1 Färberkamille,
Anthemis tinctoria 'Grallagh Gold'
1 Wolfsmilch,
Euphorbia coralloides
Einpflanzen und pflegen:
Unbedingt ein frostsicheres Gefäß wählen, dann können die Stauden jahrelang im Freien überwintern. Die Blumen im Hochsommer als blühende Solitärpflanzen kaufen. Mädchenauge und Sonnenhut als Gruppe in den Hintergrund setzen, Färberkamille und Wolfsmilch schräg über den Kübelrand geneigt davor anpflanzen. Kübel vollsonnig und windgeschützt aufstellen, gut angießen und nach 3 Wochen einmal düngen. Die hübschen Fruchtstände nicht abschneiden. Sie sehen im Winter mit Rauhreif überzuckert wunderschön aus.

Lieblingsfarbe pink? Hier ein frischer Asternkasten!

Gelbe Gartenstauden für rotgoldene Herbsttage.

Gelbe Chrysanthemen und Fächermispel mit Beeren.

Herbst-Schale mit Beeren

Schnelle Bepflanzung mit vielen Variationsmöglichkeiten.
Pflanzen für Schale mit 60 cm Durchmesser:
1 Fächermispel mit roten Beeren,
Cotoneaster horizontalis
3 gelbe Chrysanthemen,
Chrysanthemum-Indicum-Hybriden
2 Kreuzkraut-Pflanzen,
Senecio bicolor
1 Schönkopf,
Calocephalus brownii
Einpflanzen und pflegen:
Die Pflanzen sind ab September erhältlich. Die Fächermispel nicht in die Mitte setzen, so daß sie ihre dekorativen Zweige frei entfalten kann. Die Chrysanthemen als Farbschwerpunkt gebündelt zusammenpflanzen. Den Übergang zwischen beiden bildet das Grau von Kreuzkraut und Schönkopf. Die Schale verträgt alle Lichtverhältnisse und muß nur gleichmäßig feucht gehalten werden. Nach dem Verblühen der einjährigen Chrysanthemen kann die Fächermispel in den Garten ausgepflanzt werden.
Alternativen: Fächermispel durch Hagebutten- oder Stechpalmenzweige mit Früchten, abgeblühte Chrysanthemen durch Erika ersetzen.

Bunter Herbstkasten

So sieht ein Kasten aus, der nicht nach jeder Saison völlig ausgeräumt wurde. Das Stiefmütterchen hat Frühjahr und Sommer »überblüht«, aus der Sommerbepflanzung stammen Ringelblume und Schönkopf.
Pflanzen für 60 cm-Kasten:
3 verschieden pinkfarbene Staudenastern,
Aster dumosus
3 Chrysanthemen (2 lachsfarben, 1 gelb),
Chrysanthemum-Indicum-Hybriden
2 Kreuzkraut-Pflanzen,
Senecio bicolor
1 Schönkopf,
Calocephalus brownii
1 gelbe Ringelblume,
Calendula officinalis
1 gelbes Stiefmütterchen,
Viola-Wittrockiana-Hybride
Einpflanzen und pflegen:
Wer diesen Kasten im Herbst neu anpflanzen will, muß auf die Ringelblume (Sommerblume) verzichten. In den Hintergrund kommen die höherwachsenden Staudenastern, rechts und links davor die Chrysanthemen. Das graublättrige Kreuzkraut leicht über einen seitlichen Kastenrand und in die Kastenmitte pflanzen.
In die Vordergrundmitte Schönkopf und Stiefmütterchen plazieren. Den Kasten windgeschützt aufstellen und gut angießen. Bei Frost mit Zeitungspapier abdecken.

Herbstkaleidoskop mit Astern und Chrysanthemen.

Herbst-Ideen

Ungewöhnlich und bizarr – Zierkohl im Balkonkasten.

Zauberhafte Bepflanzungen, die im Herbst ihre ganze Schönheit zeigen.

Zierkohl im Blumenkasten

Ein ausgefallener Blickpunkt mit skurrilen Kohlköpfen.
Pflanzen für 60 cm-Kasten:
4 Zierkohl-Pflanzen,
Brassica oleracea
Einpflanzen und pflegen:
Im September werden die ausgewachsenen Kohlköpfe in Töpfen angeboten. Kaufen Sie Pflanzen in verschiedenen Farben und Höhen. Den höchsten etwas seitlich von der Mitte in den Vordergrund geben, die anderen in der Tiefe versetzt darum herumgruppieren. Die Erde gut andrücken, damit die Kohlpflanzen nicht umkippen und gut angießen. Der Kasten kann an jedem beliebigen Standort stehen, aber nicht überwintert werden.
Mein Tip: Schmücken Sie den Kasten mit Laub, Moos, Kastanien.

Natur pur – Herbstzeitlosen zwischen Blauschwingel.

Herbstzeitlosen im Gras

Ein anspruchsloser Dauerkasten, der sich im Herbst zum Kleinod mausert.
Pflanzen für 60 cm-Kasten:
8 Blauschwingel-Pflanzen,
Festuca cinerea
6 Herbstzeitlosen-Zwiebeln,
Colchicum autumnale
Einpflanzen und pflegen:
Für Dauerbepflanzung frostsicheres Gefäß wählen. Beste Pflanzzeit ist August, denn dann sind die Zwiebeln der Herbstzeitlosen erhältlich. Ideales Substrat ist mit Sand vermischte Erde. Die Blauschwingel-Pflanzen etwas versetzt einpflanzen, dazwischen die Zwiebeln etwa 4 cm tief stecken. Gut angießen, nicht düngen. Der Kasten kann sonnig bis halbschattig aufgestellt und später im Freien überwintert werden. Die im Frühjahr erscheinenden Blätter der Herbstzeitlosen nicht abschneiden. Erst entfernen, wenn sie braun geworden sind.
Mein Tip: Ein Frühlingsgruß und Augenschmaus wird dieser Kasten, wenn Sie im Herbst zwischen die Gräser einige Zwiebeln von Krokussen und/oder Wildtulpen stecken.
Warnung: Herbstzeitlosen sind giftig!

Sonnenblumen im Trog

Dankbare Dauerbepflanzung mit einjährigen Sonnenblumen als Krönung.
Pflanzen für Trog, 70 cm Länge, 40 cm Breite, 60 cm Höhe:
1 Graue Strauchmispel,
Cotoneaster dielsianus
5 Efeu-Pflanzen,
Hedera helix
5 Sonnenblumen-Pflanzen,
Helianthus annuus
Einpflanzen und pflegen:
Wählen Sie ein frostsicheres Gefäß, denn diese Bepflanzung kann im Freien überwintert werden. Im Frühjahr die Dauerpflanzen (Efeu und Strauchmispel) einsetzen. Im Mai/Juni Sonnenblumen-Jungpflanzen in den Hintergrund geben, viel gießen und nach 4 Wochen alle 2 Wochen düngen. Ideal: Ein halbschattiger, windgeschützter Standort.

Die Sonnenblumen bilden Fruchtstände, die von Vögeln heiß begehrt sind und auch im Winter attraktiv aussehen. Kasten mit Reisig abgedeckt überwintern. Im folgenden Mai Sonnenblumen entfernen und neue einpflanzen oder andere saisonale Blumen wählen.

Mein Tip: Gut geeignet sind hierfür hohe Dahlien und Staudenastern – oder auch Feuerbohnen, die sich in die Zweige der Mispel hineinranken können.

Sonnenblumen mit Grauer Strauchmispel und Efeu.

Strauchveronika ganz in Violett

Herbstbepflanzung für alle, deren Lieblingsfarbe violett ist.

Pflanzen für 60 cm-Kasten:
5 violette Strauchveronika, *Hebe*-Andersonii-Hybriden
1 weinrote Strauchveronika, *Hebe*-Andersonii-Hybride

Einpflanzen und pflegen:
Alle Pflanzen versetzt in das Gefäß betten, die rote Strauchveronika als kleinen Akzent etwas seitlich dazwischenpflanzen. Hell und geschützt aufstellen, gut angießen. Wer über Jahre an diesen farbenfrohen Pflanzen Freude haben möchte, muß sie vor Frostbeginn einräumen. Ihr Winterquartier sollte hell und kühl (8 bis 10 °C) sein, sie erhalten in dieser Zeit wenig Wasser. Im folgenden Frühjahr werden sie in neue Erde getopft und kommen ab Mai ins Freie. Dort erhalten sie alle 2 Wochen Dünger. Die Pflanzen vertragen keine Staunässe und sollten deshalb unbedingt regengeschützt aufgestellt werden.

Mein Tip: Die *Hebe*-Andersonii-Hybriden sind die einzigen Strauchveronika-Arten, die sich für die Kultur im Kasten eignen. Es gibt neben den violetten und weinroten Sorten auch weißblühende und solche mit weißgrün panaschierten Blättern.
Sehr hübsch sieht eine Kombination von panaschierter Strauchveronika (*Hebe*-Andersonii-Hybride 'Variegata') mit rankender Vogelwicke (*Vicia cracca*) aus.

Violette Kastenbepflanzung mit Strauchveronika.

Winter-Ideen Tips und Beispiele

Auch im Winter kann Ihr Balkon zu einem kleinen Naturerlebnis werden. Jetzt ist die Zeit, in der immergrüne Laub- und Nadelgehölze ihren Großauftritt haben und das eintönige Wintergrau der Stadt beleben, ja sogar heimelig machen. Nicht zu vergessen die Vögel, die gern bepflanzte Balkone aufsuchen, wenn dort mit Leckerbissen an sie gedacht wird.

Frostfeste Gefäße nehmen

Winterharte Bepflanzungen müssen in Gefäßen angelegt werden, die frostfest sind. Die Gefahr für Töpfe und Kübel besteht darin, daß die feuchte Pflanzerde friert, sich dabei ausdehnt und den Topf sprengt. Terrakotta-Gefäße saugen wie ein Schwamm Wasser auf, das bei Frost genauso reagiert wie der gefrorene Inhalt. Mit Pflanzgefäßen aus Holz, Beton, Naturstein, Flechtwerk und Kunststoff können Sie das vermeiden. Wenn Sie dennoch nicht auf Keramik-Gefäße verzichten möchten, hier einige Tips:

- Wählen Sie Keramik-Gefäße, die bei hohen Temperaturen gebrannt und glasiert sind.
- Schützen Sie das Gefäß durch eine Ummantelung mit Styropor, Noppenfolie, Stroh oder Fichtenreisig.
- Halten Sie die Bepflanzungen den Winter über nur leicht feucht, vermeiden Sie volle Nässe.Gefäße deshalb am besten so aufstellen daß es nicht hineinregnen oder -schneien kann.

Mein Tip: Denken Sie schon vor der Anlage einer winterfesten Bepflanzung an den Frostschutz. Gefäße mit geraden Wänden lassen sich innen leicht mit Styroporplatten auskleiden, die gegen Temperaturschwankungen jeder Art isolieren und zugleich bei der Ausdehnung des Erdvolumens durch Frost als Puffer dienen können.

Koniferen in Gefäßen

Koniferen sind immergrüne Nadelgehölze, die sich auch in Kästen, Trögen und Kübeln wohlfühlen. Am besten gedeihen sie an halbschattigen Standorten und dürfen, vor allem im Jugendstadium nie austrocknen. Gießen Sie sie deshalb reichlich auch im Winter, wenn an frostfreien Tagen ihr Substrat nicht durchfroren ist. Leichter tun Sie sich, wenn Sie Koniferen in ein großes Gefäß pflanzen, das genügend Erde faßt und damit nicht so schnell austrocknet. Hier eine Auswahl kleinwüchsiger Koniferen:

- Kleine Muschelzypresse, *Chamaecyparis obtusa* 'Nana Gracilis'; Laub dunkelgrün, glänzend.
- Grüne Fadenzypresse, *Chamaecyparis pisifera* 'Filifera Nana'; Laub frischgrün, nadelartig.
- Blauer Strauch-Wacholder, *Juniperus chinensis* 'Blauw'; Laub graublau, schuppenförmig.
- Flacher Kriech-Wacholder, *Juniperus communis* 'Repanda'; Laub dunkelgrün, silbrig gestreift.
- Blauer Teppich-Wacholder, *Juniperus horizontalis* 'Glauca'; Laub stahlblau, kurze Nadeln.
- Blauer Zwerg-Wacholder, *Juniperus squamata* 'Blue Star'; Laub silbrigblau, spitz, stechend.
- Zapfenfichte, *Picea abies* 'Acrocona'; Laub dunkelgrün, teils sehr spitz.
- Igelfichte, *Picea abies* 'Echiniformis'; Laub gelbgrün bis graugrün.
- Kleine Nest-Fichte, *Picea abies* 'Little Gem'; Laub frischgrün, sehr fein.
- Blaue Pummel-Fichte, *Picea abies* 'Pumila Glauca'; Laub blaugrün, sehr dicht.
- Gnomen-Kiefer, *Pinus mugo* 'Gnom'; Laub dunkelgrün, dicht.
- Mops-Kiefer, *Pinus mugo* 'Mops'; Laub dunkelgrün, leicht stechend.

Mein Tip: Koniferen-Bepflanzungen sehen noch frischer aus, wenn Sie sie mit großblättrigen immergrünen Laubgehölzen kombinieren, wie zum Beispiel Kirschlorbeer (*Prunus laurocerasus* 'Otto Luyken'), Buchsbaum (*Buxus sempervirens*), Immergrüne Kriechmispel (*Cotoneaster salicifolius* 'Herbstfeuer'), Efeu (*Hedera helix*).
Warnung: Alle diese Pflanzen oder Teile von ihnen sind giftig!

Schnee und Wintersonne verzaubern diesen Balkon in eine Märchenwelt. Immergrüne Nadelgehölze, Gehölze mit roten Beeren, frostfester Gartenschmuck und Vogelfutterstellen bringen Farbe und Leben ganz nah vors Fenster. ▷

Winter-Ideen

Jetzt ist Saison für immergrüne Laub- und Nadelgehölze. Wenn der Winter die Farben in der Natur reduziert, gewinnen die reizvollen Grüntöne der Zwerggehölze und auch die allerkleinsten Blüten an optischer Präsenz. Für alle Winterbepflanzungen im Freien grundsätzlich ein frostsicheres Gefäß (→ Seite 44) wählen!

Blüten über den Winter

Blütenschmuck vom Winter bis zum Frühling. Ausgefallene Übergangsbepflanzung mit Variationsmöglichkeiten.
Pflanzen für 60 cm-Kasten:
5 pinkfarbene Schneeheide-Pflanzen, *Erica herbacea*
2 Zwergginster, *Cytisus decumbens*
2 Bärenfellschwingel-Pflanzen, *Festuca scoparia*
10 Krokus-Zwiebeln, *Crocus*-Arten
Einpflanzen und pflegen: Pflanzen im Herbst kaufen, sobald die Schneeheide erhältlich ist. Erde mit Sand vermischen. Ginster etwas schräg einsetzen, so daß die Zweige weich über den Kastenrand fallen. Bärenfellgras zwischen die Schneeheide geben und Krokuszwiebeln etwa 4 cm tief in Gruppen dazwischen stecken. Gut angießen und sonnig bis halbschattig aufstellen. Auch im Winter bei frostfreiem Wetter gießen. Der Zwergginster setzt im zeitigen Frühjahr hellgelbe Blüten an, kurz darauf zeigen sich auch die Krokusse.
Mein Tip: Statt Krokuszwiebeln können Sie auch andere Frühlingsblumen stecken, zum Beispiel Schneeglöckchen (*Galanthus nivalis*), Winterlinge (*Eranthis hiemalis*) oder Traubenhyazinthen (*Muscari aucheri*).

Kübel für alle Jahreszeiten

Robuste Dauerbepflanzung mit Blüten im Frühling (Rhododendron), Sommer und Herbst (Fünffingerstrauch) sowie Grüntönen im Winter.
Pflanzen für Kübel mit 45 cm Durchmesser:
1 Wacholder, *Juniperus communis*
1 Fünffingerstrauch, *Potentilla fruticosa* 'Red Ace'
1 Zwergrhododendron, *Rhododendron*-Repens-Hybride 'Scarlet Wonder'
1 Zwergkiefer, *Pinus mugo* 'Pumilio'
Einpflanzen und pflegen: Beste Pflanzzeit: September/Oktober. Wacholder in den Hintergrund setzen. Fünffingerstrauch und Zwergkiefer etwas schräg über den Rand geneigt, den Rhododendron mit Torf umgeben einpfanzen. Kübel halbschattig aufstellen und regelmäßig gießen – auch im Winter an frostfreien Tagen. Ab Frühjahr alle 4 Wochen flüssig düngen.

Schneeheide mit Ginster und Krokussen.

Kübel mit reizvollen Grünvarianten im Winter.

Koniferen mit kleinblütiger Polsterstaude.

Koniferen im Kasten

Immergrüne Pflanzengesellschaft für viele Jahre – mit kleinblütigen Blumen.

Pflanzen für 60 cm-Kasten:
1 Blauer Teppichwacholder, *Juniperus horizontalis* 'Glauca'
1 Blauer Zwergwacholder, *Juniperus squamata* 'Loderis'
1 Kleine Silberzypresse, *Chamaecyparis pisifera squarrosa* 'Boulevarus'
1 Blaue Kegelzypresse, *Chamaecyparis lawsoniana* 'Ellwoodii'
1 Immergrüne Kriechmispel, *Euonymus fortunei* 'Gracilis'
1 Hornveilchen, *Viola cornuta* 'Princess Blue'
1 Purpurgünsel, *Ajuga reptans* 'Atropurpurea'
1 Gänsekresse, *Arabis procurrens*

Einpflanzen und pflegen:
Pflanzzeit: September/Oktober. Zypressen-Arten und Zwergwacholder versetzt pflanzen. Die Kriechmispel seitlich, die winterharten Teppichstauden (Purpurgünsel und Gänsekresse) und den Teppichwacholder über den vorderen Kastenrand geneigt einsetzen. Der Purpurgünsel blüht im Mai/Juni violett und blau, die Gänsekresse im Mai mit weißen Blütchen auf 10 cm hohen Stielen. Das Hornveilchen kommt in den Mittelgrund. Auch im Winter an frostfreien Tagen gießen! Im Frühjahr Spezialdünger für Nadelgehölze (Koniferendünger) im Gießwasser verabreichen.

Weihnachtlich gesteckt

Latschenzweige mit kleinen Zapfen und bunten Steckkugeln.

Pflanzen für 60 cm-Kasten:
Latschenzweige, *Pinus mugo*

Stecken und pflegen:
Kaufen Sie möglichst Zweige mit Zapfen und zerteilen Sie sie in 40 bis 20 cm lange Reiser. Ein frostsicheres Gefäß mit Erde füllen und die langen Zweige in den Hintergrund, die kürzeren in den Vordergrund möglichst dicht stecken. Wer mag, kann nun ans Dekorieren gehen, zum Beispiel mit kleinen Steckkugeln, Trockenblumen oder witterungsbeständigem Weihnachtsschmuck.

Mein Tip: Ideales Steck-Material sind auch die Zweige anderer wintergrüner Gehölze, die jetzt angeboten werden:
- Mahonie (*Mahonia aquifolium*) mit glänzendgrünem, stechendem Blattwerk.
- Buchsbaum (*Buxus sempervirens*) mit kleinen glänzenden Blättern.
- Silbertanne (*Abies nobilis*) mit silbergrauen Nadeln, die nicht abfallen.
- Stechpalme (*Ilex aquifolium*) mit dunkelgrün-glänzenden Blättern und roten Beeren.
- Mistel (*Viscum album*) mit länglich-ovalen Blättern und weißen Beeren.

Gesteckter Kasten mit Latschenzweigen.

Gesunde Pflanzen, prächtige Blüten

Pflanzenpflege rund ums Jahr

»Willst du glücklich sein im Leben,
trage bei zu anderer Glück.
Denn die Freude, die wir geben,
strömt im Doppelten zurück.«

Diese kleine Weisheit aus Poesiealben zu Großmutters Zeiten gilt nicht nur für das Verhältnis der Menschen zueinander, sondern auch für das Miteinander von Mensch und Pflanze. Von Balkonblumen werden in der Regel Höchstleistungen im Blühen erwartet. Diese Freude machen sie uns jedoch nur bei optimaler Pflege.

Weich fließend und überhängend umschmeicheln diese Pflanzen ihr Gefäß. Das Duftende Elfengold (Plectranthus coleoides) bildet bis zu 1 m lange, grün-weißlaubige Triebe. Farbe bringen in das Ensemble gelb-orangefarbene Kapuzinerkresse (Tropaeolum-Hybriden) zartrosa Knöterich (Polygonum capitatum 'Afghan') und Blaue Mauritius (Convolvulus sabatius).

Lebendig und verspielt – rosa Petunienkasten mit der großblütig-gefüllten Sorte 'Fanfare'.

Alles übers Einpflanzen

Eine gute Erde ist entscheidend für das Gedeihen Ihrer Balkonblumen. Achten Sie beim Einkauf auf Qualität und nehmen Sie nicht das Billigste. Verlangen Sie im Zweifelsfall beim Gärtner die Erde, in der er selbst seine Pflanzen kultiviert.

Die richtige Pflanzerde
Für Balkonblumen eignet sich eine ganze Reihe von Substraten. Hier die wichtigsten Kriterien, die gute Erden erfüllen sollten:

- Den Pflanzen Halt und Standfestigkeit geben;
- sie mit allen wichtigen Hauptnährstoffen und Spurenelementen versorgen;
- Wasser und Nährstoffe speichern und sie nach Bedarf an die Pflanzen abgeben;
- auch bei Dauerbepflanzungen luftdurchlässig und locker bleiben;
- frei von Krankheitserregern, Unkrautsamen und Schädlingen sein.

Einheitserde ist für Balkonpflanzen sehr gut geeignet und wird von vielen Gärtnern verwendet. Es gibt sie in verschieden großen Mengen-Abfüllungen und mit unterschiedlichem Nährstoffgehalt. Nehmen Sie zum Einpflanzen Einheitserde Typ T, sie enthält bereits die Grunddüngung für die ersten Wochen.

Balkonblumenerde. Diese Bezeichnung kann für viele Erden stehen und ist keine Garantie für eine gute Qualität oder Zusammensetzung.
Torfkultursubstrat (TKS). Im Handel sind schwach (TKS 1) und stärker (TKS 2) gedüngte Varianten. Beide bestehen vorwiegend aus Weißtorf. TKS 1 eignet sich zur Aufzucht von Balkonpflanzen, beide Substrate können auch zum Vermischen mit Gartenerde verwendet werden. Als Alleinsubstrat für fertige Balkonblumen sind sie weniger zu empfehlen.
Aussaat- und Pikiererden sind sehr fein, keimfrei und nicht oder nur sehr schwach gedüngt. Sie sind für die Aussaat und eigenhändige Aufzucht von Jungpflanzen notwendig, nicht aber für die Kultur fertiger Pflanzen geeignet.

Balkonblumenerde selbst gemacht
Gartenerde ist für die Gefäßkultur fast immer zu schwer. Sie verdichtet in Töpfen und Kästen leicht und ist häufig voller Unkrautsamen. Eine gute, leichte Erde für die Gefäßkultur erhalten Sie, wenn Sie 3 Teile Gartenerde mit 3 Teilen verrottetem, gesiebtem Kompost und je 2 Teilen Torf oder Sand vermischen. Alternative: Gartenerde und Einheitserde Typ T im Verhältnis 1:1 mischen.

Tips zum Einpflanzen
Jede Pflanze, die ein- oder umgetopft wird, sollte mindestens 2 cm (größere Pflanzen bis zu 10 cm) rundherum von neuem Substrat umgeben sein. Wählen Sie also ein Pflanzgefäß, das groß genug ist!
- Pflanzen behutsam austopfen.
- Beim Umtopfen älterer Pflanzen Ballen vorsichtig ausschütteln, vertrocknete oder verfaulte Wurzeln abschneiden.
- Größere Gefäße mit einer Dränage versehen, um Staunässe zu vermeiden. Dazu auf den Boden des Gefäßes 5 bis 10 cm hoch Tonscherben, Tongranulat, gewaschenen Sand oder Kies schichten. Darüber ein Vließ ausbreiten und erst darauf die Pflanzerde geben. Das Vließ verhindert, daß sich Substrat und Dränage vermischen und dadurch die Durchlässigkeit gefährden.
- Nun die Blumen einsetzen, rundum Erde auffüllen, leicht andrücken und die Pflanzen angießen.

Richtig gießen

Nicht alle Pflanzen haben die gleichen Bedürfnisse. Wieviel und wie oft gegossen werden muß, hängt von den Balkonblumen, aber auch von ihrem Standort und der jeweiligen Witterung ab.

Das ideale Gießwasser
Es ist abgestanden, von der Sonne angewärmt und nicht allzu hart (nicht über 20°dH = Grad Deutscher Härte). Die Härte Ihres Leitungswassers können Sie beim zuständigen Wasserwerk erfragen. Hartes Wasser enthärten Sie mit speziellen Mitteln aus dem Fachhandel oder mit einem mit Torf gefüllten Stoffbeutel, der einige Stunden in einen Eimer mit Leitungswasser gehängt wird. Billig und für Balkonblumen nach wie vor gut geeignet, ist aufgefangenes Regenwasser.

Einmaleins des Gießens
Viel gießen müssen Sie während der Hauptwachstumszeit (also im Sommer), auf sonnigen und windigen Balkonen, bei großer Hitze und Trockenheit. Pflanzen, die in sehr torfiges Substrat sowie in Tongefäße gebettet sind, trocknen schneller aus als andere und benötigen reichlicher Wasser als diese.
Nur mäßig gießen müssen Sie im Frühjahr und Herbst, an schattigen, windgeschützten Standorten und an kühlen, verregneten Tagen.
Pflanzen in Kunststoffgefäßen verdunsten weniger Feuchtigkeit, als solche in Ton und trocknen deshalb auch weniger schnell aus.
Gießen im Winter. Immer wieder kommt es vor, daß mehrjährige Pflanzen den Winter nicht überleben. Nicht selten ist falsches Gießen dafür verantwortlich. Auf was Sie achten müssen, → Seite 53.
Mein Tip: Gießen Sie im Sommer weder bei voller Sonne noch auf die Blätter. Die Wassertropfen können wie Brenngläser die Blätter verbrennen. Im Winter am besten vormittags gießen, dann können die Pflanzen bis abends abtrocknen.

Bewässerungssysteme als Pflanzensitter
Nicht jeder hat freundliche Nachbarn, die während einer Abwesenheit die Pflege der Balkonpflanzen übernehmen. Aber hier kann man sich selbst helfen: Die ideale Vorsorge für kurzfristige Abwesenheit (zum Beispiel ein Wochenende) sind Blumenkästen mit eingebautem Wasserspeicher (im Fachhandel erhältlich). Sogar ein Urlaub von 3 Wochen und länger läßt sich über eine vollautomatische Langzeitbewässerung, die direkt an die Wasserleitung angeschlossen ist, ohne fremde Hilfe überbrücken. Es gibt eine Vielzahl von Bewässerungssystemen mit unterschiedlichen Funktionsweisen und mehr oder weniger hohem Kosten- und Installationsaufwand. Informieren Sie sich im Fachhandel über die einzelnen Systeme und ihre Leistungen und starten Sie einen Probelauf, bevor Sie längere Zeit verreisen.

Erfolgreich düngen

Von Balkonblumen erwarten wir uns Blüten über Blüten. Dies ist in dem begrenzten Erdvolumen, mit dem die Pflanzen auskommen müssen, nur möglich, wenn regelmäßig und reichlich Nährstoffe zugeführt werden. Der im Pflanzsubstrat enthaltene Dünger ist nach 3 bis 4 Wochen aufgebraucht, dann muß die regelmäßige Düngung beginnen.

Was Pflanzen ernährt

Man unterscheidet Hauptnährstoffe, die zum Gedeihen von Pflanzen in größeren Mengen unerläßlich sind, und Spurenelemente, von denen jeweils nur eine geringe Dosis benötigt wird. Sie heißen deshalb auch Mikronährstoffe.

Hauptnährstoffe sind

- Stickstoff (N), zuständig für die Blattbildung,
- Phosphor (P) für die Blüten- und Fruchtbildung
- Kalium (K),
- Calcium (Ca) und
- Magnesium (Mg), die alle für den stabilen Pflanzenaufbau sorgen.

Zu den Spurenelementen zählen Eisen, Kupfer, Mangan, Molybdän, Zink und Bor.

Volldünger – immer richtig

In Volldüngern befinden sich die wichtigsten Pflanzennährstoffe und Spurenelemente. Die Menge der einzelnen Hauptnährstoffe ist meist im NPK-Verhältnis angegeben.

14 : 7 : 14 oder 14/7/14 bedeutet: Dieser Dünger enthält 14% Stickstoff (N), 7% Phosphor (P) und 14% Kalium (K).

Bei mineralischen Volldüngern (chemische Dünger) sind die Nährstoffe an chemische Salze gebunden und können von den Pflanzen schnell und direkt aufgenommen werden. Sie wirken also sofort. Nachteil: Mineralische Dünger sind aggressiv und können vor allem trockene Wurzeln verbrennen. Besonders in kleinen Gefäßen, in denen die Erde nur ein geringes Volumen besitzt, kann sie leicht versalzen.

Bei organischen Volldüngern (zum Beispiel Horn-, Blut-, Knochenmehl, Hornspäne, Mist) müssen die Nährstoffe erst durch die Mikroorganismen im Boden aufgeschlossen werden. Dieser Prozeß verläuft in Gefäßkultur noch langsamer als im Gartenboden, die Düngewirkung setzt mit ziemlicher Verzögerung ein. Andererseits fördert diese Düngung die Bodenflora und ist deshalb besonders für Dauerbepflanzungen zu empfehlen. Soll der Blütenflor schnell einsetzen, kann man mit Flüssigdünger nachhelfen.

Düngerformen

Dünger gibt es in fester und flüssiger Form, zum Gießen, Streuen oder Spritzen auf die Blätter. Leicht zu dosieren und für die regelmäßige Anwendung zu empfehlen sind Flüssigdünger, die dem Gießwasser beigemischt werden. Praktisch sind auch Langzeit- oder Depotdünger, die in Form von Kügelchen dem Substrat beim Einpflanzen beigemischt werden und über 10 bis 12 Wochen ihre Nährstoffe an die Pflanzen abgeben.

7 goldene Düngeregeln

- Beginnen Sie erst 3 bis 4 Wochen nach dem Einpflanzen in vorgedüngtes Substrat mit dem regelmäßigen Düngen.
- Wurde der Pflanzerde ein Langzeitdünger beigemischt, erst 10 Wochen später zu düngen anfangen.
- Flüssigdünger am besten ins Gießwasser geben und ausgießen.
- Düngewasser oder -körner nicht auf die Blätter bringen (oder gleich abspülen).
- Nur Pflanzen mit feuchten Wurzeln düngen. Trockenes Substrat immer zuerst gießen.
- Besser öfter und niedrig dosiert, als selten und hoch dosiert düngen!
- Pflanzen, die Sie überwintern möchten, ab August nicht mehr düngen, damit ihre Triebe bis zum Einräumen im Herbst ausreifen können.

Überwintern und vermehren

Wenn der Winter kommt, müssen Gefäße und mehrjährige Pflanzen vor Frost, Staunässe und Trockenschäden geschützt werden. Überlegen Sie rechtzeitig, welchen Pflanzen Sie im Haus ein Winterquartier bieten müssen und welche die kalte Zeit geschützt im Freien verbringen können (→ Farb-Pflegekalender, Seite 20/21).

Überwinterung im Freien

Im Freien können überwintern: Stauden, Zwiebelblumen, Gehölze (auch Rosen) und zweijährige Blütenpflanzen. Diese Pflanzen sind im Garten ausgepflanzt winterhart, können aber im geringen Volumen des Gefäßes schon einmal erfrieren oder vertrocknen.

Der Winterschutz:

- Dauerbepflanzungen in Gefäßen, die innen mit Styropor gegen Temperaturschwankungen isoliert sind, bleiben an Ort und Stelle und werden höchstens mit Stroh oder Fichtenreisig abgedeckt.
- Nicht isolierte Gefäße am besten an eine geschützte Hauswand rücken und gegen Kälte vom Boden auf Holzlatten oder Styroporplatten stellen.
- Gefäße eng zusammenrücken und gemeinsam mit Reisig, Stroh, Strohmatten, Laub oder Holzwolle außen umfüttern.

• Hochstämmchen vom Topf bis zur Krone mit starken Reisigästen umgeben und das ganze mit einer starken Schnur fixieren. Alternative: Mit einer Strohmatte zeltartig einhüllen.

Gießen im Winter.
Alle Pflanzen müssen feucht sein, wenn die Frostperiode beginnt. Während des Winters an frostfreien Tagen mit lauwarmem Wasser gießen. Pflanzen, die an einer geschützten, überdachten Stelle am Haus überwintern, brauchen mehr Wasser, weil sie keine Niederschläge erhalten. Achten Sie darauf, daß die Pflanzen nicht im Wasser stehen (Wasserabzugsöffnungen vor Wintereinbruch prüfen).

Wie im Haus überwintern?
Mehrjährige Pflanzen aus den Tropen oder Subtropen müssen im Haus überwintert werden. Ungeeignet sind warme und dunkle Plätze. Das optimale Winterquartier ist kühl (2 bis 10 °C), hell, luftig, trocken und läßt sich gut lüften.

• Vor dem Einräumen Triebe und Blütenstiele bis auf die verholzten Stengel zurückschneiden (zum Beispiel Pelargonien, Fuchsien, Wandelröschen).
• Alle Pflanzen eher trocken als zu naß halten. Je wärmer der Überwinterungsplatz ist, umso heller sollte er sein und umso öfter muß gegossen werden.
• Gießen Sie immer morgens, damit die Pflanzen bis abends abgetrocknet sind.
• Die Pflanzen einmal wöchentlich auf Schädlingsbefall kontrollieren.
• Vertrocknetes und verfaultes Laub sind Krankheitsherde, deshalb immer sofort entfernen.
• An frostfreien Tagen lüften.
• Ab Ende Januar wieder mehr gießen und Pflanzen heller und wärmer stellen.
• Im März in neues Substrat topfen.

Die Blaue Mauritius (Convolvulus sabatius) wird kühl überwintert.

PRAXIS
Vermehren

Das Heranziehen aus Samen und die Anzucht von Stecklingen sind die beiden gebräuchlichsten Methoden, wie Sie Ihre Balkonpflanzen vermehren können. Welche der beiden Möglichkeiten in Frage kommt, hängt von der Pflanzenart, aber auch von anderen Faktoren ab (→ Seite 9).

Vermehrung durch Aussaat
Damit es gleich nach den letzten Nachtfrösten auf Ihrem Balkon üppig blüht, müssen Sie bereits im Februar mit der Aussaat im Zimmer oder im Kleingewächshaus beginnen. Haben Sie es nicht so eilig und zudem nur schlechte Möglichkeiten für die Aussaat im Zimmer, empfiehlt sich die direkte Aussaat in Aussaatschalen oder Balkongefäße ab Mitte April im Freien. Die Aussaattermine, die Sie auf den Samenpackungen finden, beziehen sich in der Regel auf die direkte Saat ins Freie. Häufig sind auch die Keimzeiten angegeben.

Das brauchen Sie zur Aussaat:
- Samen der Pflanzenart, die Sie kultivieren möchten. Samen von Sommerblumen sind bereits ab Januar in Gartencentern, Samenhandlungen und Gärtnereien erhältlich.
- Aussaaterde, die keimfrei, wasserspeichernd und luftdurchlässig ist. Ideal ist Torfkultursubstrat (TKS 1) oder zur Vermehrung geeignete Einheitserde. Anzuchtsubstrate dürfen keinen oder nur wenig Dünger enthalten, damit sich die Pflanzenwurzeln erst einmal gut entwickeln. Wenn Sie mittelschwere Gartenerde verwenden, sollten Sie diese sieben und mit einem Drittel Einheitserde mischen, damit sie durchlässiger und leichter wird.
- Anzuchtschalen mit lichtdurchlässiger Abdeckhaube aus dem Fachhandel. Bei wenigen Samen genügt auch ein Quarkbecher mit übergestülpter Plastikhaube oder aufgelegter Glasscheibe. Egal, welche Gefäße Sie wählen, wichtig sind Wasserabzugslöcher im Boden.

So wird's gemacht:
- Erde in das Aussaatgefäß füllen, gleichmäßig (auf 1 cm unterhalb des Randes) verteilen und anfeuchten.
- Samen aus der Samentüte breitwürfig und in möglichst weitem Abstand zueinander aussäen (→ Zeichnung 1). Je größer der Abstand der oft sehr feinen Samen ist, umso weniger eilig ist das Vereinzeln nach dem Keimen der Pflanzen.
- Mittelfeine und feine Samen mit der flachen Hand oder einem Brettchen gut andrücken und mit einer feinen Brause an der Gießkanne angießen. Größere Samen werden, damit sie während des Keimens nicht austrocknen mit einer dünnen Erdschicht bedeckt.
- Abdeckhaube aufsetzen (→ Zeichnung 2), damit sich ein feuchtwarmes Kleinklima bildet und Gefäß an einem warmen Platz bei etwa 20 °C aufstellen. Bis sich Keimblätter zeigen, ist kein Licht notwendig.
- Von Zeit zu Zeit die Haube zum Lüften abnehmen.
- Zeigen sich die Keimblätter, Abdeckhaube entfernen, Gefäß bei etwa 12 °C so hell wie möglich aufstellen, aber vor direkter Sonne schützen.

1 Samen möglichst breitwürfig ausbringen.

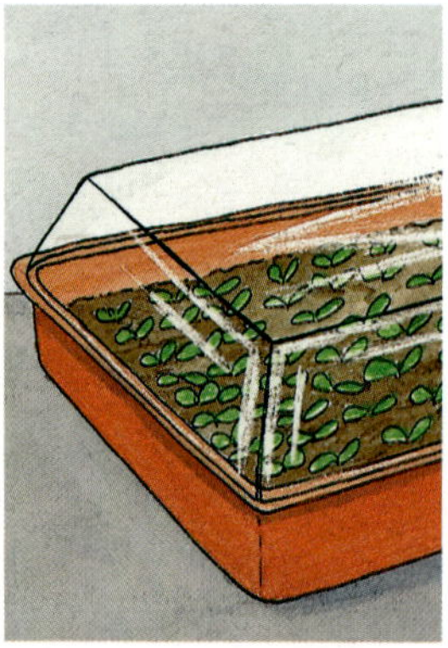

2 Die Abdeckhaube hält die Aussaat feuchtwarm.

3 Sobald sie sich berühren, Keimlinge vorsichtig mit dem dünnen Pikierholz-Ende aus der Erde lösen.

Jungpflanzen pikieren

Sobald sich die Keimlinge gegenseitig behindern, müssen sie pikiert (vereinzelt) werden. Dazu brauchen Sie einen Pikierstab, Pikiererde (sie enthält einen leichten Düngerzusatz) und kleine Pflanzgefäße. Praktisch sind Multitopfplatten (→ Zeichnung 5), in denen die Jungpflanzen platzsparend untergebracht sind und dennoch kräftige Wurzelballen bilden können.

So wird's gemacht:

- Pflänzchen mit dem dünnen Pikierholzende aus der Saatschale heben (→ Zeichnung 3), falls sie sehr eng stehen, vorsichtig voneinander trennen.
- Wurzeln einkürzen (→ Zeichnung 4), das fördert das weitere Wurzelwachstum.
- Mit dem stumpfen Ende des Pikierstabs im neuen Pflanzgefäß ein Pflanzloch vorbereiten und den Setzling einpflanzen (→ Zeichnung 5).
- Die Erde ringsherum leicht andrücken und alles mit der feinen Brause an der Gießkanne gut angießen.
- Die pikierten Pflanzen so hell wie möglich bei 12 °C aufstellen, aber vor direkter Sonne schützen.

6 Kopfsteckling 1 cm unterhalb des 2. Blattpaares abschneiden und eintopfen.

7 Folienbeutel über Draht ziehen, zubinden.

Vermehrung durch Kopfstecklinge

Von mehrjährigen Pflanzen wie Pelargonien und Fuchsien können Sie im Spätsommer oder Frühjahr Kopfstecklinge schneiden. Die Mutterpflanze sollte zum Zeitpunkt des Stecklingsschnitts kräftig, ohne Schädlingsbefall und nicht welk sein. Der richtige Steckling besitzt 1 bis 2 voll ausgebildete Blattpaare. Nehmen Sie ausgereifte und keine zu jungen Triebe, sie faulen leicht; verholzte hingegen bewurzeln sich schlecht.

Das brauchen Sie zur Vermehrung:

- Ein scharfes, sauberes Messer.
- Gefäße mit Abdeckhauben.

Günstig sind Torf- oder Torfquelltöpfe, deren Wandung durchwurzelt wird. Die Jungpflanzen werden dann gleich mit diesen »Töpfen« an den endgültigen Standort verpflanzt.

- Anzuchterde wie sie zur Aussaat (→ Seite 54) verwendet wird.

So wird's gemacht:

- Mit einem scharfen Messer Stecklinge 1 cm unterhalb der Blattachsel des 2. Blattpaares (→ Zeichnung 6) von der Mutterpflanze abtrennen.
- Knospen und Blüten ausbrechen, damit sie der Pflanze keine Kraft nehmen.
- Die Stecklinge bis leicht über die Blattachsel ins Substrat stecken, gut andrücken und vorsichtig angießen.
- Mit einer Folienhaube versehen (über Kreuz gebogener Draht verhindert, daß die Haube an den Blättern anliegt und Fäulnis erzeugt, → Zeichnung 7).
- Hell bei 20 °C aufstellen, aber vor direkter Sonne schützen.
- Gut feucht halten, täglich lüften.

Bis zur Wurzelbildung kann es einige Wochen dauern. Dann Haube abnehmen.

4 Wurzelspitzen etwas einkürzen.

5 Mit dem dicken Pikierstab-Ende ein Loch bohren, Keimling einsetzen und andrücken.

Für alle, die nah am Wasser leben möchten – Wasserkasten mit Sumpfpflanzen.

Krankheiten und Schädlinge

Falsch gepflegte Pflanzen sind anfälliger für Krankheiten und Schädlinge als Blumen mit optimalem Standort und richtiger Ernährung. Neben guter Pflege gibt es noch eine Reihe anderer kleiner Tricks, die unwillkommenem Befall vorbeugen.

Vorbeugungsmaßnahmen

- Kontrollieren Sie Ihre Pflanzen regelmäßig und entfernen Sie kranke, verdorrte und verwelkte Pflanzenteile sowie Unkraut.
- Gebrauchte Pflanzgefäße vor dem Neubepflanzen gut mit heißer Seifenlauge bürsten und anschließend gründlich mit klarem Wasser ausspülen.
- Gesellen Sie Ihren Balkonblumen hübsche Nachbarn zu, die Schädlinge fernhalten, zum Beispiel:
  Lavendel (*Lavandula angustifolia*) gegen Läuse.
  Studentenblumen (*Tagetes*-Arten) gegen Wurzelälchen.
  Nicandra (*Nicandra physalodes*) gegen Weiße Fliege und Läuse.
- Das Pflanzengewebe läßt sich stärken durch Besprühen der Pflanzen mit Aromasprays oder anderen handelsüblichen Stärkungspräparaten.

Pflegefehler und deren Ursachen

Nicht wenige Symptome, die uns an Pflanzen als auffällige, krankhafte Veränderungen erscheinen, gehen lediglich auf Pflegefehler zurück.

Sobald die Pflanzen das erhalten, was ihren Bedürfnissen entspricht, erholen sie sich und bilden dann neue, gesunde Triebe und prächtige Blüten. Hier die häufigsten Fehler:
Blühunwillige Pflanzen haben meist zuviel Stickstoff und zuwenig Phosphor/Kaliumdüngung bekommen. Auch ein zu feuchter oder sonnenarmer Standort kann dafür verantwortlich sein.
Abhilfe: Düngerart und Düngegaben überprüfen, eventuell Standort wechseln.
Lange, vergeilte Triebe bilden sich an Standorten mit zuwenig Licht.
Abhilfe: Helleren Standort wählen.
Gelbe Blätter können gleich mehreres signalisieren. Zum Beispiel Licht- oder Stickstoffmangel, Übergießen oder Überalterung.
Abhilfe: Kontrollieren Sie Standort und Dünger, prüfen Sie, ob sich im Gefäß Staunässe angesammelt hat.
Bleichwerden der Blätter, wobei die Blattadern grün bleiben. Man nennt dieses Symptom Chlorose. Es zeigt Mangel an Spurenelementen wie Eisen oder Magnesium an.
Abhilfe: Nur noch mit weichem Wasser gießen, Eisenchelat dem Gießwasser beimischen und warmen Standort wählen.
Rote, graue oder silbergraue Flecken auf Blättern deuten auf einen Sonnenbrand hin, der immer dann entsteht, wenn Pflanzen nach Überwinterung oder Kauf abrupt in die pralle, heiße Sonne kommen.
Abhilfe: Pflanzen grundsätzlich behutsam an den sonnigen Stand im Freien gewöhnen. Anfangs schattieren oder halbschattigen Platz wählen.

Bekämpfung von Krankheiten und Schädlingen

Nicht immer ist es bei Schädlings- und Pilzbefall gleich nötig, zu hochgiftigen, chemischen Produkten zu greifen. Probieren Sie doch erst die biologischen Alternativen. Freilich: Völlig zuverlässig und rundum Erfolg werden Sie damit nicht immer verzeichnen können.
Natürliche Bekämpfung:

- Brennesselauszug gegen Läuse. 500 g frische Brennesseln in 5 l Wasser 12 bis 24 Stunden ziehen lassen, Frisch und unverdünnt spritzen.
- Knoblauchsud gegen Pilzinfekte und Spinnmilben. 1 Knoblauchzehe zerdrücken, mit 1 l Wasser überbrühen. Abkühlen lassen, absieben und unverdünnt spritzen.
- Wermutsud gegen beißende und saugende Insekten. 1 Teelöffel getrocknete Wermutblätter mit 1 l Wasser überbrühen. Abkühlen lassen, absieben und unverdünnt spritzen.
- Seifenlaugen dringen in den Insektenkörper ein und verhindern die Atmung. Die Schadinsekten sterben schnell ab.
- Paraffin- oder Weißöle sind gereinigte Erdölprodukte, die die Atemwege der Schädlinge verstopfen.
- Pyrethrum-Extrakt wird aus den Blüten von *Chrysanthemum cinerariifolium* gewonnen. Es wirkt auf das Nervensystem kaltblütiger Lebewesen, wie Insekten. Gehen Sie sparsam damit um, denn es ist auch wirksam bei Fischen, Spinnen, Marienkäfern, Flor- und Schwebfliegen. Ungefährlich ist es jedoch für Bienen. Pyrethrum-Präparate gibt es im Fachhandel als Spritz-, Sprüh- und Stäubemittel.

Warnung: Pyrethrumhaltige Mittel sind auch für den Menschen hochgiftig, wenn sie in offene Wunden, auf kranke Haut oder in die Blutbahn gelangen. Vermeiden Sie unbedingt auch das Einatmen der Sprühnebel.

Chemische Bekämpfung sollte wirklich nur der letzte Ausweg sein, wenn andere Maßnahmen versagen oder sich ein Befall epidemieartig ausbreitet. Im Fachhandel sind Mittel zum Gießen, Spritzen, Stäuben oder in Form von Stäbchen, die ins Substrat gesteckt werden.

- Insektizide wirken gegen beißende und saugende Schadinsekten, aber auch gegen deren Nützlinge.
- Akarizide töten Milben ab.
- Fungizide sind pilztötende Mittel.

10 Punkte zum Umgang mit Pflanzenschutzmitteln

- Verwenden Sie keine hochgiftigen mit T oder T+ markierten Produkte.
- Wer zu Sprays greift, sollte aus Umweltschutzgründen nur solche ohne FCKW benutzen.
- Halten Sie die Gebrauchs- und Dosierungsanleitung genau ein. Achten Sie auf die angegebenen Spritzintervalle, damit Sie auch die nachfolgende Schädlingsgeneration vernichten.
- Bereiten Sie immer nur soviel Spritzmittel auf, wie notwendig. Reste von Spritzbrühen und alte Präparate gehören auf den Sondermüll.
- Tragen Sie Gummi-Handschuhe beim Umgang mit giftigen Mitteln.
- Gießen oder sprühen Sie bienengefährliche Mittel nur in Ausnahmefällen – und dann am späten Abend.
- Spritzen Sie nicht bei Wind und vermeiden Sie, daß Sprühnebel oder Gießwasser weder auf den Balkon oder die Fensterbank des Nachbarn noch auf die Straße gelangen.
- Nicht in der Sonne und bei Regen spritzen. Günstig sind leicht bedeckte, windstille Tage.
- Atmen Sie den Sprühnebel nicht ein.
- Bewahren Sie Pflanzenschutzmittel in der Originalverpackung, außer Reichweite von Kindern und Haustieren, nicht zusammen mit Lebens- oder Futtermitteln sowie verschlußsicher auf.

(Hilfe bei Pilzkrankheiten

Vorbeugungsmaßnahmen:

- Überwinterungsquartier am Tag auch bei niederen Außentemperaturen lüften.
- An kühlen, bedeckten Tagen im Freien und im Winterquartier vorsichtig und nur auf die Wurzelballen gießen. Gießwasserrückstände auf den Blättern trocknen an kalten Tagen sehr langsam ab und fördern den Pilzbefall.
- Gießen Sie morgens, dann können feuchte Blätter bis abends abtrocknen.
- Stellen Sie Ihre Pflanzen locker mit etwas Abstand auf, damit die Luft gut zirkulieren kann. Zu enger Stand fördert den Pilzbefall.
- Gießen oder sprühen Sie Ihre Pflanzen im Frühjahr und Sommer vorbeugend und zur Stärkung mit Fertigpräparaten des Fachhandels oder mit Brühen aus Comfrey, Brennessel, Schafgarbe oder Schachtelhalm.

Bekämpfung:

Befallene Pflanzenteile vorsichtig entfernen, ohne die gesunden Blätter mit dem Staub der Pilzsporen zu bestäuben und damit anzustecken.

- Bei Echtem und Falschem Mehltau mit Schachtelhalmbrühe oder Knoblauchsud spritzen.
- Rostpilze ebenfalls mit Knoblauchsud behandeln.
- Bei Rußtau Läuse und Weiße Fliege bekämpfen, auf deren honigartigen Ausscheidungen sich der Pilz ansiedelt. Stark befallene Teile entfernen, andere mit lauwarmem Wasser säubern.

Die 5 häufigsten Krankheiten

Pelargonienwelke. Schadbild: Schwarzfärbung und Faulen des Stengelgrundes. Braunrote bis gelbgrüne Flecken auf den Blättern. Die Pflanzen brechen und sterben ab.
Ursache: Bakterieninfektion durch verseuchte Erde oder Stecklingsmesser.
Abhilfe: → Bakterieninfekte, Seite 59.

Falscher Mehltau. Schadbild: Weißgrauer Schimmelrasen auf der Unterseite der Blätter. Bleichgelbe, dunkler werdende Flecken auf der Blattoberseite. Später Vertrocknen und Absterben der Blätter.
Ursache: Pilzsporen, begünstigt durch hohe Luftfeuchtigkeit und wenig Luftbewegung.
Abhilfe: → Pilzkrankheiten, links.

Echter Mehltau. Schadbild: Mehlartiger, abwischbarer Belag auf Blättern (oben und unten) und Stengeln. Blattverkrümmung im fortgeschrittenen Stadium.
Ursache: Pilzsporen, begünstigt durch Temperaturschwankungen sowie Blattnässe bei kühlfeuchter Witterung.
Abhilfe: → Pilzkrankheiten, links.

Rostpilze. Schadbild: Rostbraune bis dunkelbraune Pusteln auf Blättern und Stengeln. Befallene Teile sterben ab.
Ursache: Pilzsporen, begünstigt durch hohe Luftfeuchtigkeit bei warmer Witterung, Gieß- oder Regenwasserreste bei kühlem Wetter auf den Blättern.
Abhilfe: → Pilzkrankheiten, links.

Rußtau. Schadbild: Schwarzer, klebriger Belag auf Blättern, Stengeln, Triebspitzen.
Ursache: Ansiedlung von Rußtaupilzen auf den honigartigen Ausscheidungen von Blatt-, Schild-, Woll- und Schmierläusen.
Abhilfe: Durch Bekämpfung der Läuse, → Schädlinge, Seite 59.

Hilfe bei Bakterieninfekten
Vorbeugungsmaßnahmen:
Bereits beim Einkauf auf gesunde Pflanzen achten. Bei der Stecklingsvermehrung Messer mit Alkohol desinfizieren und keimfreie Erde verwenden.
Bekämpfung:
Eine Heilung der Pflanze ist nicht möglich, nur eine Verlängerung des Pflanzenlebens. Befallene Blätter und Triebe sofort entfernen und Schnittstellen mit Holzkohle einpudern. Pflanzen auf keinen Fall vermehren und nicht auf den Kompost werfen, sondern vernichten (Ansteckungsgefahr)!

Hilfe bei Schädlingen
Vorbeugungsmaßnahmen:
- Pflanzen vor Zugluft und Trockenheit schützen.
- Blumen regelmäßig düngen, aber nicht mästen. Übermäßige Stickstoffdüngung läßt die Blätter groß und ihr Gewebe weich werden. Ein gefundenes Fressen für alle Schädlinge. Zuviel Stickstoff verhindert zudem die Blütenbildung.
- Unkräuter in Kübeln und Kästen regelmäßig entfernen, es zieht ebenfalls Schädlinge an.

Bekämpfung:
- Gegen Spinnmilben Knoblauchsud spritzen. Mehrfaches übersprühen der Pflanze mit Wasser hilft bei geringem Befall.
- Bei Blattläusen und Weißer Fliege mit gärender Brennesseljauche, Brennesselauszug oder Seifenlösung spritzen.
- Schildläuse abkratzen und Pflanzenteile mit feuchtem, weichem Tuch säubern. Mit einem Paraffinöl-Präparat oder Seifenbrühe sprühen.
- Blattwanzen absammeln, nur bei starkem Befall Pyrethrum-Präparate einsetzen.

Die 5 häufigsten Schädlinge

Blattläuse. Schadbild: Gekräuselte, eingerollte und gekrümmte Blätter und Triebe. Auf Blattunterseiten und Trieben Kolonien von grünen, roten oder schwarzen Blattläusen. Blätter sind klebrig.
Ursache: Befall, begünstigt durch Lufttrockenheit, Wärme, Überdüngung.
Abhilfe: → Schädlingsbekämpfung, links.

Spinnmilben (Rote Spinne). Schadbild: Feines Gespinst mit rötlichen oder gründgelben Milben auf Blattunterseite. Auf Blattoberseite weißgelbe Sprenkel. Blätter werden fahl, vertrocknen und sterben ab.
Ursache: Befall, begünstigt durch trockenwarmes Klima und gestaute Luft.
Abhilfe: → Schädlingsbekämpfung, links.

Schildläuse. Schadbild: An Blättern und Stengeln kleine, braune, leicht abkratzbare Höcker oder Schuppen. Klebrige Blätter (Ausscheidungen der Läuse), auf denen sich Rußtau ansiedelt.
Ursache: Befall, begünstigt durch warme Überwinterung.
Abhilfe: → Schädlingsbekämpfung, links.

Weiße Fliege (Mottenschildlaus). Schadbild: Weiße, geflügelte Insekten mit grünen Larven auf Blattunterseite. Bei Blattbewegung fliegen die Tiere in Wolken auf. Klebrige Blätter.
Ursache: Lufttrockenheit, Wärme. Insekt kommt vorwiegend im Gewächshaus vor.
Abhilfe: → Schädlingsbekämpfung, links.

Blattwanzen. Schadbild: Verkrüppelte und durchlöcherte Blätter, Blütenknospen und Triebspitzen mit braunwerdenden, eingesunkenen Einstichstellen.
Ursache: Schädlinge saugen bei Trockenheit und Wärme den Pflanzensaft aus.
Abhilfe: → Schädlingsbekämpfung, links.

REGISTER

Die **halbfett** gesetzten Seitenzahlen verweisen auf Farbfotos und Farbzeichnungen.
U = Umschlagseite

Adressen und Bücher, die weiterhelfen

Bezugsquellen

Samenraritäten
Sperling & Co.,
Hamburger Straße 35,
21339 Lüneburg
Thysanotus,
Postfach 448109,
28281 Bremen
Ernst Benary,
Postfach 1127,
34331 Hannoversch Münden
Silvia Trunkl,
Hauptplatz 8,
A-2242 Prottes
Samen-Mauser,
Zürich-Straße 98,
CH-8600 Dübendorf 1
Thompson + Morgan,
London Road, Ipswich,
Suffolk, GB IP 2 OBA

Blumenzwiebeln und Knollen
Albrecht Hoch,
Potsdamer Straße 40,
14163 Berlin
Horst Gewiehs,
Postfach 1270,
27342 Rotenburg

Stauden
Heinrich Hagemann,
Walsroder Straße 324,
30855 Langenhagen
Heinz Klose,
Rosenstraße 10,
34253 Lohfelden
Georg Arends,
Monschaustraße 76,
42369 Wuppertal 21
Kayser und Seibert,
Postfach 1162,
64373 Roßdorf
Dr. Simon,
Staudenweg 2,
97828 Marktheidenfeld

Wichtige Hinweise

In diesem Buch geht es um Unterbringung, Gestaltung und Pflege von Balkonblumen sowie von Ziergehölzen, Stauden, Gräsern und Zwiebelblumen, die außerhalb des Gartens in Gefäßen kultiviert werden.
Es ist wichtig, diese Gefäße auf dem Balkon und vor dem Fenster so zu befestigen, daß sie auch bei starkem Wind absturzsicher sind (→ Rechtsfragen, Seite 13 sowie Praxis Befestigen, Seite 14/15). Außerdem muß grundsätzlich unter jedes Pflanzgefäß ein Untersetzer, der überschüssiges Gießwasser auffängt und damit verhindert, daß es zu Nachbarn oder auf den Gehsteig rinnt.
Einige der beschriebenen Pflanzen sind tödlich giftig, manche enthalten hautreizende oder allergieauslösende Stoffe. All diese Pflanzen sind in der Pflegetabelle (→ Seite 20/21) mit einem Totenkopf gekennzeichnet, im Gestaltungsteil mit einer ausdrücklichen »Warnung« versehen. Achten Sie unbedingt darauf, daß Kinder und Haustiere diese Pflanzen nicht essen, da sonst erhebliche gesundheitliche Störungen auftreten können. Wer an Kontaktallergien leidet, sollte vor Berührung dieser Pflanzen Handschuhe anziehen.
Beim Aussäen und Einpflanzen von Balkonblumen haben Sie mit Erde zu tun. Kommt es dabei zu offenen Verletzungen, suchen Sie umgehend einen Arzt auf und lassen Sie sich fachkundig behandeln. Besprechen Sie mit ihm, ob eine Impfung gegen Tetanus (Wundstarrkrampf) erforderlich ist.
Düngemittel und Pflanzenschutzmittel sind stets kindersicher aufzubewahren. Wenden Sie chemische Pflanzenschutzmittel nur an windstillen Tagen an, wenn keine unmittelbaren Nachbarn auf dem Balkon sind. Ziehen Sie dabei Handschuhe an und atmen Sie den Sprühnebel nicht ein (→ Seite 57).

Weiterführende Literatur
(falls nicht im Buchhandel, dann in Bibliotheken erhältlich)

Encke, Fritz (Hrsg.):
Pareys Blumengärtnerei.
Paul Parey Verlag,
Hamburg.
Heitz, Halina:
Balkon- und Kübelpflanzen.
Gräfe und Unzer Verlag,
München.
Hellermann, Susanne
und Binger, Lothar:
Von Balkon zu Balkon – Berliner Balkongeschichten.
NiSHEN-Verlag, Berlin.
Hobhouse, Penelope:
Farbe im Garten.
Eugen Ulmer Verlag,
Stuttgart.
Mittmann, H. u. D.:
Kübelpflanzen erfolgreich pflegen.
Gräfe und Unzer Verlag,
München.
Weber, A., Greiner, K.:
Begrünen mit Kletter und Hängeplanzen.
Gräfe und Unzer Verlag,
München.

Zeitschriften

FLORA.
Gruner + Jahr AG & Co.,
20444 Hamburg
kraut & rüben.
BLV Verlagsgesellschaft
mbh, Lothstraße 29,
80797 München
mein schöner Garten.
Verlag Burda GmbH,
Hauptstraße 130,
77652 Offenburg

Naturerlebniskasten

→ Foto, Umschlagseite 3
Feine Blüten im Sommer, interessante Fruchtstände im Herbst, Schattenspiele im Winter.
Pflanzen für 60 cm-Kasten:
Liebeshainblume,
Nemophila menziesii (lichtblau)
Blaue Mauritius,
Convolvulus sabatius (hellblau)
Kap-Ringelblume,
Dimorphotheca sinuata (creme, gelb, orange)
Kleines Zittergras,
Briza minor (grün)
Blauer Waldmeister,
Asperula orientalis (hellblau)
Leinkraut,
Linaria maroccana (weiß, gelb, rot, violett)
Blauer Salbei,
Salvia patens (kobaltblau)
Schlafmützchen,
Eschscholzia californica (creme, gelb, orange, rot)
Schönmalve,
Abutilon megapotamicum (gelb, rot)
Einpflanzen und pflegen:
Blaue Mauritius und Schönmalve können Sie im Frühjahr kaufen, alle anderen Blumen werden im späten Frühjahr in Saatschalen vorgezogen und im Mai in den Kasten pikiert.
Alternative: Im Mai Direktaussaat in den Kasten, gehen zuviele Samen auf, auslichten.
Blaue Mauritius und Schönmalve können im Haus überwintert werden, alle anderen sind einjährig.

Die Zeichner

Marlene Gemke: Seite 14, 15, 54, 55;
Ushie Dorner: Seite 58, 59;
Gyögy Jankovics: Seite 20, 21 (Symbole)

Die Fotografen

Becherer: Seite 8;
Silvestris/Layer: Seite 22;
Strauß: alle übrigen Fotos (der Fotograf gestaltete auch Balkone und Kästen auf den Seiten 4/5, 11, 12, 19, 23, 25 i.l., 29, 39, 45, 48/49, 50, 53, 56).

Die Fotos auf dem Umschlag:
Umschlagvorderseite, großes Bild: Sommerkasten mit Sonnenhut, Ringelblumen (beide gelb), roten Pelargonien sowie mit violetten Petunien und Blauen Mauritius (→ Pflanzrezept, Seite 29).
Umschlagvorderseite, kleines Foto: Bepflanzen einer Schale mit Mittagsgold (*Gazania*-Hybriden).
Umschlagseite 2: Elfenspiegel (*Nemesia*-Hybriden).
Umschlagseite 3: Naturerlebniskasten (→ Pflanzrezept, Seite 63).
Umschlagrückseite, oben links: Balkonbepflanzung in elegantem Weiß.
Umschlagrückseite, oben rechts: Blüten der Kapuzinerkresse.
Umschlagrückseite, unten: Taschenamphore mit gefüllten Fleißigen Lieschen und verschiedenen Efeu-Sorten.

Inhaltlich unveränderte Ausgabe der 2. Auflage

Redaktionsleitung: Hans Scherz
Stellvertretende Redaktionsleitung: Renate Weinberger
Redaktion: Gisela Keil
Herstellung: Michael Bauer, Petra Altmannshofer
Produktion: Johannes Schmidt-Thomé
Fotos: Friedrich Strauss
Zeichnungen: Marlene Gemke, Ushie Dorner, György Jankovics
Umschlaggestaltung: Heinz Kraxenberger
Satz: Michael Bauer
Repro: Penta
Druck: Pera
Bindung: Oldenbourg

ISBN 3-7742-1508-1

Auflage	7.	6.	5.	4.	3.
Jahr	98	97	96	95	94